초등교사를 위한
노동법 100

들어가며

안녕하세요.

초등교육의 정상화와 초등교사의 권익 향상을 위해 일하고 있는 대한초등교사협회 회장 김학희입니다.

이번에 선생님들께 선보이는 책 『초등교사를 위한 노동법』은, 초등교사들이 법률적 권리를 정확히 이해하고 교육 현장에서 겪는 다양한 어려움을 현명하게 해결할 수 있도록 돕고자 하는 마음으로 집필되었습니다.

초등교사는 교육자이자 동시에 노동자로서 법적으로 보호받아야 할 권리가 있습니다. 그러나 많은 선생님들이 노동법에 대한 정보 부족으로 인해 정당한 권리를 제대로 행사하지 못하거나 부당한 대우를 감내하는 경우가 적지 않습니다. 이 책은 그 현실적인 어려움을 해소하는 첫걸음이 될 것입니다.

특히 이 책에서는 교사의 노동기본권, 교육활동 보호와 교원의 권리, 교원의 복무와 근무 조건, 보수체계와 수당, 휴가 및 휴직 제도,

인사 및 평가 제도, 교원노동조합과 단체활동, 교권 침해와 대응 방안, 학생 인권과 교사의 권리 균형, 그리고 교원의 전문성 신장과 교육 현장 실천까지, 초등교사들이 꼭 알아두어야 할 10가지 핵심 주제를 체계적으로 다루고 있습니다. 현장의 선생님들에게 실질적으로 도움이 될 수 있도록, 바로 적용할 수 있는 실무 팁과 조언도 풍부하게 담았습니다.

교육 현장은 끊임없이 변화하고 있으며, 초등교사는 그 변화의 중심에서 학생들과 함께 성장하고 있습니다. 하지만 교사의 권리가 제대로 보호받지 못하면, 결코 학생들에게 최선의 교육을 제공하기 어렵습니다. 따라서 초등교사의 권익을 지키는 일은 단순히 개인의 문제를 넘어, 초등교육의 정상화와 건강한 교육 환경을 만드는 데 필수적인 과제라고 믿습니다.

『초등교사를 위한 노동법』은 대한초등교사협회가 추진하는 초등교사 권익 보호 활동의 일환이기도 합니다. 이 책을 통해 선생님들께서 초등교사를 위한 노동법의 기본을 이해하시기를 바랍니다.

저 역시 전문 노무사가 아닌 현장의 교사로서 이 책을 썼기에, 법률 해석에 다소 한계가 있을 수 있음을 솔직히 말씀드립니다. 그럼에도 불구하고 현장 교사의 시각에서 풀어낸 해설이 선생님들께 더 친근하고 실용적으로 다가가기를 희망합니다.

이 책을 통해 초등교사들이 스스로의 권리를 자신 있게 주장하고, 더 나은 교육 환경을 만드는 데 한 발 더 나아갈 수 있기를 바랍니다. 우리가 서로의 권리를 존중하고 배려하며 협력해 나갈 때, 진정한 교육의 가치가 실현될 것입니다.

   교사가 행복해야 학생도 행복해집니다. 이 책이 선생님들의 교직 생활에 작은 도움이 되기를 바라며, 함께 노력하여 우리가 꿈꾸는 초등교육의 정상화를 꼭 이뤄냅시다.

대한초등교사협회 회장
김학회 드림

대한초등교사협회 가입

차례

3장 교원의 복무와 근무 조건

4장 보수체계와 수당

8장 교권 침해와 대응 방안

9장 학생 인권과 교사의 권리 균형

교사가 행복해야
학생도 행복해집니다.

1장

교사의
노동기본권

🗒 1.1

교사의 노동자성과
노동기본권 개념

Ⓠ 초등교사도 노동자로 볼 수 있나요? 국공립 교사와 사립 교사의 노동기본권은 어떤 차이가 있나요?

Ⓐ 초등교사는 교육 서비스를 제공하는 노동자이지만, 국공립 교사와 사립 교사의 법적 지위와 노동기본권에는 차이가 있습니다.

1. 국공립 초등교사

법적 지위 국공립 초등교사는 국가공무원법과 교육공무원법의 적용을 받는 교육공무원입니다.

노동기본권

1. 단결권 교원노조 가입 및 설립 권리가 보장됩니다.

2. 단체교섭권 법령과 예산 범위 내에서 제한적으로 보장됩니다.

3. 단체행동권 헌법 제33조 제2항과 국가공무원법에 따라 금지됩니다(파업 등 불가).

2. 사립 초등교사

법적 지위 사립학교법과 근로기준법의 적용을 받는 근로자입니다.

노동기본권

1. 단결권 노동조합 가입 및 설립 권리가 보장됩니다.

2. 단체교섭권 학교법인과의 단체교섭이 가능합니다.

3. 단체행동권 원칙적으로 인정되지만, 수업 등 필수업무에 대해서는 제한될 수 있습니다.

예시사례

- 최근, 전국교직원노동조합(전교조)이 합법화되면서 국공립 교사의 단결권이 실질적으로 보장되었습니다. 이는 교사의 노조 활동을 공식적으로 인정한 중요한 판례입니다.
- 최근, 한 사립학교에서 단체교섭을 통해 근무시간 조정과 처우 개선을 이끌어낸 사례가 있었습니다. 이는 사립 초등교사가 노동자로서의 권리를 행사한 성공적인 사례입니다.

관련 법령 안내

1. 헌법 제33조 근로자의 단결권, 단체교섭권, 단체행동권 보장 및 공무원의 제한 규정

2. 국가공무원법 제66조 공무원의 집단 행위 금지

3. 교육공무원법 제43조 교육공무원의 신분보장 및 권리 규정

4. 사립학교법 제55조 사립학교 교원의 복무 규정

5. 근로기준법 제5조 근로조건의 준수

실무 팁!

📄 국공립 초등교사는 공무원으로서의 신분과 의무를 이해하고, 노조 활동 시 법령 범위를 준수하세요.

📄 사립 초등교사는 근로계약서와 취업규칙을 꼼꼼히 확인하고, 단체교섭 시 학교법인의 재정 상황을 고려하세요.

📄 모든 교사는 학생 학습권과 자신의 권리 사이에서 균형을 유지하며 노동기본권을 행사해야 합니다.

초등교사를 위한 조언

선생님들, 우리는 교육자이면서 동시에 노동자로서의 권리를 가지고 있습니다. 이 권리를 이해하고 적절히 행사하는 것이 더 나은 교육환경을 만드는 첫걸음입니다. **학생들의 학습권과 조화를 이루며 우리의 권리를 지켜나갑시다.**

📑 **1.2**

근로계약과
취업규칙의 이해

Ⓠ 초등교사의 근로계약은 어떻게 체결되며, 취업규칙은 어떤 역할을 하나요?
국공립과 사립 교사의 차이는 무엇인가요?

Ⓐ 초등교사의 근로계약과 취업규칙은 국공립과 사립에 따라 다르게 적용됩니다.

1. 국공립 초등교사

- 근로계약 별도의 근로계약서를 작성하지 않고, 임용장을 받음으로써 임용이 완료됩니다. 이는 국가공무원법 및 교육공무원법에 따른 공무원 임용 절차의 일환입니다.
- 취업규칙 국가공무원 복무규정과 교육공무원 복무규정이 취업규칙의 역할을 합니다.
- 주요 내용 근무시간, 휴가, 복무 의무 등이 법령으로 명확히 규정되어 있습니다.

2. 사립 초등교사

- 근로계약 학교법인과 개별적으로 근로계약을 체결하며, 근로기준법에 따라 계약 내용이 명시되어야 합니다.

- 계약서에는 근로시간, 임금, 휴가 등 근로조건이 포함됩니다.
- 취업규칙 각 학교의 취업규칙이 적용되며, 근로기준법에 따라 작성·신고되어야 합니다.
- 주요 내용 학교 운영 방침에 따라 근로조건, 임금 체계, 복무 규정 등이 명시됩니다.

예시사례

- 최근, 교육부는 국공립 교원의 복무 관리를 위해 '교육공무원 복무지침'을 개정하여 배포했습니다. 이를 통해 연가 사용 기준, 초과근무 인정 범위 등이 명확히 정리되었습니다.
- 최근, 서울의 한 사립초등학교에서 교사들이 근로계약서 미작성 문제를 제기하여 노동청의 중재를 통해 상세한 근로계약서를 작성하게 된 사례가 있었습니다. 이를 통해 교사들의 근로조건이 명확히 문서화되었습니다.

관련 법령 안내

1. 국가공무원법 제26조 공무원의 임용 절차와 기준
2. 교육공무원법 제10조 교육공무원의 임용 및 신분보장 규정
3. 사립학교법 제53조의2 사립학교 교원의 임용 기준 및 절차
4. 근로기준법 제17조 근로조건의 명시 의무
5. 근로기준법 제93조 취업규칙의 작성 및 신고 의무

실무 팁!

📄 국공립 교사는 임용장 내용을 꼼꼼히 확인하고, 복무규정에서 자신의 권리와 의무를 숙지하세요.

📄 사립 교사는 근로계약서를 반드시 작성하고, 주요 조건(근로시간, 임금 등)을 명확히 확인하세요.

📄 취업규칙 변경 시 불리한 내용이 포함될 경우 동료들과 함께 검토하고 개선을 요구하세요.

📄 계약서나 취업규칙 관련 의문사항은 교육청(국공립) 또는 노동청(사립)에 문의하세요.

초등교사를 위한 조언

선생님들, 근로계약과 취업규칙은 우리의 권리와 의무를 정의하는 중요한 기준입니다. 이를 정확히 이해하고 필요시 개선을 요구하는 것이 건강한 교육환경의 첫걸음입니다. **사립학교 선생님들은 계약서를 꼼꼼히 확인하세요!**

📑 1.3

노동시간과
휴식권

Ⓠ 초등교사의 노동시간과 휴식권은 어떻게 정해지며, 국공립과 사립 교사의
차이는 무엇인가요?

Ⓐ 초등교사의 노동시간과 휴식권은 적용되는 법령에 따라 다르며, 각각의 특성
에 맞게 규정되어 있습니다.

1. 국공립 초등교사

- 근무시간 국가공무원 복무규정에 따라 주 40시간이 원칙입니
다. 일반적으로 오전 9시부터 오후 5시까지 근무하며, 학교의
실정에 따라 탄력적으로 운영될 수 있습니다.
- 휴식시간 점심시간은 통상 1시간이며, 근무시간에서 제외됩니
다. 또한, 수업 중간에 짧은 휴식이 제공될 수 있습니다.
- 휴일 토요일, 일요일 및 법정 공휴일이 휴일로 정해져 있습니다.

2. 사립 초등교사

- 근무시간 근로기준법에 따라 주 40시간, 1일 8시간이 원칙입니
다. 사립학교의 경우, 학교의 방침에 따라 근무 시간이 조금 다
를 수 있습니다.

- 휴게시간 근로기준법 제54조에 따라 4시간 근무 시 최소 30분 이상의 휴게시간이 보장되어야 하며, 이는 근로계약서에 명시되어야 합니다.
- 휴일 주휴일(통상 일요일)과 법정 공휴일이 적용됩니다.

── **예시사례** ──

- 최근, 교육부는 '교원 근무시간 적정화 방안'을 발표하여 교사들의 초과근무 관리와 휴식권 보장을 강화했습니다. 이 방안에는 교사들이 방과후 활동을 자율적으로 조정할 수 있는 기준이 포함되었습니다.
- 최근, 한 사립학교에서 방과후 수업으로 인한 초과근무 문제가 제기되어, 노동청의 중재로 시간외근무수당 지급 및 근로시간 관리가 이루어진 사례가 있었습니다.

관련 법령 안내

1. 국가공무원 복무규정 제9조 공무원의 근무시간 및 휴식 규정
2. 근로기준법 제50조 법정 근로시간
3. 근로기준법 제54조 휴게시간 규정
4. 사립학교법 제55조 사립학교 교원의 복무 규정

실무 팁!

- 모든 교사는 출퇴근 시간을 정확히 기록하고, 초과근무 발생 시 적절한 보상을 요청하세요.
- 국공립 교사는 방학 중 근무 일정이나 방과후 활동 등으로 초과근무가 발생할 경우, 시간외근무수당 지급 여부를 확인하세요.

📄 사립 교사는 근로계약서에 명시된 근로시간 조항을 꼼꼼히 확인하고, 필요시 학교 측에 개선을 요구하세요.

📄 휴식시간을 반드시 가지고, 업무 효율성을 높이는 데 활용하세요.

초등교사를 위한 조언

선생님들, 적절한 노동시간 준수와 충분한 휴식은 건강한 교육 활동의 기본입니다. 자신의 근로조건을 정확히 파악하고 필요 시 개선을 요구하세요. **건강한 교사가 있어야 질 높은 교육이 가능합니다.**

📑 1.4

임금과
수당의 기본 구조

Ⓠ 초등교사의 임금 체계와 수당은 어떻게 구성되어 있나요? 국공립과 사립 교사의 차이는 무엇인가요?

Ⓐ 초등교사의 임금 체계와 수당은 국공립과 사립에 따라 다르게 적용되며, 각각의 법적 기준에 따라 설정됩니다.

1. 국공립 초등교사

- 임금 체계 공무원보수규정에 따른 호봉제가 적용됩니다. 교사는 경력에 따라 호봉이 올라가며, 매년 승급이 이루어집니다.
- 기본급 기본급은 호봉에 따라 결정되며, 초임 교사의 연봉은 약 3,663만 원입니다. (매년 1월 인사혁신처에서 호봉표를 결정함.)
- 수당 다양한 수당이 지급됩니다. 주요 수당으로는 정근수당, 가족수당, 교직수당, 담임수당, 시간외근무수당 등이 있습니다.

2. 사립 초등교사

- 임금 체계 각 학교법인의 보수규정에 따르며, 대체로 국공립 교사 수준을 참고합니다.

- 기본급 학교에 따라 다를 수 있으나, 많은 경우 국공립 교사의 호봉제를 준용합니다.
- 수당 학교의 재정 상황과 규정에 따라 다양한 수당이 지급될 수 있습니다. 일반적으로 담임수당, 시간외근무수당 등이 포함됩니다.

예시사례

- 최근, 교육부는 교원의 업무 부담을 고려하여 교직수당을 인상하고 방과후 학교 운영 수당을 신설했습니다. 이는 교사들의 처우 개선을 위한 조치로 평가받고 있습니다.
- 최근, 일부 사립학교에서 국공립 교사와의 임금 격차 해소를 위해 처우개선 수당을 도입한 사례가 있었습니다. 이를 통해 사립학교 교사들의 급여 수준이 개선되었습니다.

관련 법령 안내

1. 공무원보수규정
2. 공무원수당 등에 관한 규정
3. 교원지위향상을 위한 특별법 제3조 교원 보수의 우대
4. 근로기준법 제43조 임금 지급 및 근로조건 관련 규정
5. 교육공무원법 제34조 교육공무원의 보수결정 원칙

실무 팁!

📄 매월 급여명세서를 꼼꼼히 확인하고, 의문사항은 즉시 문의하세요.

📄 초과근무에 대한 수당 지급 기준을 확인하고 적절한 보상을 받도록 하세요.

📄 사립학교 교사의 경우, 근로계약서와 학교의 보수규정을 철저히 검토하여 불합리한 부분이 있을 경우 개선을 요구하세요.

📄 연봉계약서나 보수규정의 내용을 정확히 이해하고 있어야 합니다.

초등교사를 위한 조언

선생님들, 우리의 노력에 대한 정당한 보상은 교육의 질을 높이는 데 중요한 요소입니다. 여러분의 임금과 수당 체계를 정확히 이해하고 필요시 개선을 요구하세요. **우리의 권리를 지키는 것이 곧 교육의 질을 높이는 길임을 기억하세요.**

📑 1.5

안전하고 건강한
근무환경

ⓠ 초등교사의 안전하고 건강한 근무환경을 위한 법적 보장과 실제 적용은 어떻게 이루어지나요?

ⓐ 초등교사의 안전하고 건강한 근무환경은 국공립과 사립 모두에게 중요한 사항으로, 관련 법령에 따라 보장됩니다.

1. 국공립 초등교사

- 법적 보호 국가공무원 복무규정과 공무원 재해보상법에 따라 근무 중 발생하는 재해와 질병에 대해 보상을 받을 수 있습니다.
- 근무환경 개선 교원의 업무 부담 경감을 위해 잡무를 줄이고, 교사 1인당 학생 수를 줄이는 정책이 추진되고 있습니다.

2. 사립 초등교사

- 법적 보호 산업안전보건법과 산업재해보상보험법에 따라 업무 중 발생하는 재해나 질병에 대해 보상을 받을 수 있습니다.

- 근무환경 지원 사립학교는 학교 자체적으로 복지제도를 운영하며, 교사의 건강과 안전을 위한 설비를 마련해야 합니다.

예시사례

- 최근, 교육부는 '학교 안전 강화 종합 대책'을 발표하여 교사와 학생의 건강을 보호하기 위해 공기청정기 설치, 정기적인 환경 점검 등을 의무화했습니다.
- 최근, 한 사립학교에서 석면 제거 공사를 진행하며 교사들의 건강권 침해 우려가 제기되자, 대체 근무 공간 제공 및 안전 점검을 강화한 사례가 있었습니다.

관련 법령 안내

1. 산업안전보건법 제5조 사업주의 안전 및 보건 조치 의무
2. 학교보건법 제4조 학교의 환경위생 및 식품위생 관리
3. 공무원 재해보상법 제3조 공무원 재해보상 정의
4. 산업재해보상보험법 제37조 업무상의 재해 인정 기준
5. 교원의 지위 향상 및 교육활동 보호를 위한 특별법 제5조 학교 안전사고로부터의 보호

실무 팁!

- 정기적인 건강검진과 안전교육에 반드시 참여하세요.
- 근무 중 발생한 사고나 질병은 즉시 보고하고 적절한 치료를 받으세요.
- 학교 내 안전 문제(시설 노후화, 공기질 등)를 발견하면 즉시 학교 관리자에게 알리고 개선을 요구하세요.

🗒 스트레스 관리와 정신건강을 위해 상담 서비스나 동료 지원 네트워크를 활용하세요.

초등교사를 위한 조언

선생님들, 우리의 건강과 안전은 학생들에게 더 나은 교육을 제공하기 위한 기본입니다. 근무환경에서 문제가 발견되면 적극적으로 개선을 요구하세요. **건강한 교사가 있어야 건강한 교육이 가능합니다.**

교사의
개인정보 보호

ⓠ 초등교사는 개인정보 보호에 대해 어떤 권리를 가지며, 이를 어떻게 지킬
수 있나요?

Ⓐ 초등교사는 학생과 학부모의 개인정보를 다루는 과정에서 개인정보 보호에
대한 법적 책임과 권리가 있습니다. 교사는 자신의 개인정보 또한 보호받아
야 하며, 이를 위해 관련 법령을 이해하고 준수해야 합니다.

1. 국공립 초등교사

- 법적 지위 국공립 초등교사는 국가공무원으로서 공공기관의 개
  인정보 보호 관련 법령을 준수해야 합니다.
- 개인정보 보호법 교사는 학생의 개인정보를 수집, 이용, 보관할
  때 반드시 법령에 따라야 하며, 정당한 사유 없이 정보를 제3자
  에게 제공해서는 안 됩니다.

2. 사립 초등교사

- 법적 지위 사립학교 교사도 근로기준법과 개인정보 보호법의 적
  용을 받습니다.

- 개인정보 보호법 사립학교에서도 학생 및 학부모의 개인정보를 안전하게 관리하고, 불법적인 접근이나 유출을 방지해야 합니다.

예시사례

- 최근, 한 국공립 초등학교에서 교사가 학생의 개인정보를 무단으로 외부에 유출한 사건이 발생했습니다. 이로 인해 해당 교사는 징계 처분을 받았으며, 학교 측은 개인정보 보호 교육을 강화하였습니다.
- 최근, 한 사립학교에서는 교사가 학부모의 동의 없이 학생 정보를 외부 기관에 제공한 사건이 발생했습니다. 이로 인해 학교는 개인정보 보호 방침을 재정비하고, 모든 교직원에게 관련 교육을 실시했습니다.

관련 법령 안내

1. 개인정보 보호법 제15조 개인정보 수집 및 이용에 대한 동의 규정
2. 개인정보 보호법 제17조 제3자 제공에 대한 규정
3. 국가공무원법 제60조 공무원의 비밀 유지 의무

실무 팁!

📄 모든 교사는 학생과 학부모의 개인정보를 안전하게 관리하고, 필요 시 동의를 받아야 합니다.

📄 개인정보 유출 사고 발생 시 즉시 학교 관리자에게 보고하고 적절한 조치를 취하세요.

📄 정기적으로 개인정보 보호 교육에 참여하여 최신 법령과 규정을 숙지하세요.

📄 개인 정보를 다룰 때는 최소한의 정보만 수집하고, 보관 기간을 정해두세요.

선생님들, 우리의 책임은 학생들의 안전한 교육환경을 만드는 것뿐만 아니라 그들의 개인정보를 보호하는 것도 포함됩니다. 개인정보를 안전하게 관리하는 것은 우리의 기본 의무이며, 이를 통해 신뢰받는 교육자가 될 수 있습니다. **항상 주의를 기울이고 필요한 조치를 취해 주세요.**

📑 1.7

모성보호와
일-가정 양립

Ⓠ 초등교사는 모성보호와 일-가정 양립을 위해 어떤 제도적 지원을 받을 수 있나요?

Ⓐ 초등교사는 국공립과 사립 여부에 관계없이 모성보호와 일-가정 양립을 위한 다양한 법적 보호와 제도적 지원을 받을 수 있습니다.

1. 국공립 초등교사

- 법적 보호 국가공무원 복무규정과 교육공무원법에 따라 모성보호와 관련된 휴가 및 근무시간 조정이 보장됩니다.

  주요제도

1. 출산휴가 출산 전후로 총 90일(출산 후 45일 이상 포함)의 휴가를 사용할 수 있습니다.
2. 육아시간 생후 1년 미만의 자녀를 둔 교사는 하루 2시간의 육아시간을 근무시간 중에 사용할 수 있습니다.
3. 육아휴직 최대 3년까지 육아휴직이 가능하며, 휴직 기간 동안 일정 수준의 급여가 지급됩니다.

2. 사립 초등교사

- 법적 보호 근로기준법과 사립학교법에 따라 모성보호와 관련된 권리가 보장됩니다.

주요제도

1. 출산휴가 근로기준법에 따라 출산 전후로 총 90일의 휴가를 사용할 수 있습니다.
2. 육아휴직 최대 1년간 육아휴직이 가능하며, 고용보험에서 육아휴직 급여를 지원받을 수 있습니다.
3. 임신기 근로시간 단축 임신한 교사는 하루 2시간의 근로시간 단축이 가능합니다.

예시사례

- 최근, 한 국공립 초등학교에서 한 교사가 육아휴직 후 복직했으나 업무 과중으로 인해 다시 육아시간 사용을 요청하였습니다.
- 최근, 한 사립학교에서 임신한 교사가 근로시간 단축을 요청했으나 거부된 사례가 있었습니다. 노동청의 중재를 통해 해당 교사는 법적으로 보장된 권리를 행사할 수 있었습니다.

관련 법령 안내

1. 국가공무원 복무규정 제20조 출산휴가 및 육아시간 규정
2. 교육공무원법 제44조 공무원의 육아휴직 규정
3. 근로기준법 제74조 출산 전후 휴가 및 임신기 근로시간 단축 규정
4. 남녀고용평등과 일·가정 양립 지원에 관한 법률 제19조 육아휴직 규정

📄 출산휴가나 육아휴직 신청 시, 필요한 서류를 사전에 준비하고 학교 관리자
와 충분히 논의하세요.

📄 육아시간 사용 시, 학교 내 업무 조정을 요청하여 동료들과 협력하세요.

📄 사립학교 교사의 경우, 고용보험에서 제공하는 육아휴직 급여 신청 절차를
숙지하세요.

초등교사를 위한 조언

선생님들, 모성보호와 일–가정 양립은 교사의 권리이자 행복한
가정을 위한 필수 조건입니다. 자신의 권리를 적극적으로 행사
하고, 필요시 동료나 관리자의 도움을 요청하세요. **건강하고 안
정된 환경이 더 나은 교육으로 이어집니다.**

📑 1.8
차별금지와
평등대우

Ⓠ 초등교사는 직장에서 차별을 받지 않을 권리를 어떻게 보장받으며, 평등하게 대우받기 위해 어떤 법적 보호를 받을 수 있나요?

Ⓐ 초등교사는 국공립과 사립 여부에 관계없이 차별을 받지 않을 권리가 보장되며, 평등한 대우를 받을 수 있도록 다양한 법적 보호를 받고 있습니다.

1. 국공립 초등교사

- 법적 보호 국가공무원법과 교육공무원법에 따라 공무원으로서 성별, 연령, 신분 등으로 인한 차별을 금지하고 있습니다.
- 평등대우 원칙 모든 교사는 동일한 직급과 경력에 따라 동일한 임금과 복무 조건을 적용받습니다.

2. 사립 초등교사

- 법적 보호 근로기준법과 남녀고용평등법의 적용을 받아 성별, 학력, 고용 형태 등으로 인한 차별이 금지됩니다.
- 평등대우 원칙 동일한 업무를 수행하는 경우 동일한 임금을 지급받아야 하며, 고용 형태에 따른 부당한 대우는 금지됩니다.

- 최근, 한 국공립 초등학교에서 여성 교사가 남성 교사와 동일한 경력을 가졌음에도 불구하고 승진에서 배제된 사례가 있었습니다. 이에 따라 교육청은 성차별적 요소를 개선하기 위한 승진 기준 재검토를 시행했습니다.
- 최근, 한 사립학교에서 비정규직 교사가 정규직 교사와 동일한 업무를 수행했음에도 불구하고 낮은 임금을 지급받아 노동청에 진정을 제기했고, 이후 동일노동 동일임금 원칙에 따라 임금이 조정되었습니다.

관련 법령 안내

1. 헌법 제11조 모든 국민은 법 앞에 평등하며, 성별·종교·사회적 신분에 의해 차별받지 않을 권리 보장
2. 국가공무원법 제35조 평등의 원칙
3. 근로기준법 제6조 균등한 처우
4. 남녀고용평등과 일·가정 양립 지원에 관한 법률 제7조 성차별 금지 규정

실무 팁!

📄 국공립 교사는 승진이나 평가 과정에서 불합리한 대우를 받았다면 교육청에 개선을 요청하세요.

📄 사립 교사는 근로계약서와 취업규칙을 통해 임금 및 복무 조건의 형평성을 확인하세요.

📄 모든 교사는 차별이 발생했을 경우 노동청(사립) 또는 교육청(국공립)에 신고하여 권리를 보호받으세요.

📄 직장에서 성희롱 등 차별적 행위가 발생하면 즉시 학교 관리자나 관련 기관에 보고하세요.

초등교사를 위한 조언

선생님들, 우리는 모두 평등하게 대우받을 권리가 있습니다. 차별적인 상황이 발생하면 주저하지 말고 목소리를 내세요. **평등은 더 나은 교육환경의 기본입니다.**

📑 1.9
직장 내
괴롭힘 방지

ⓠ 초등교사가 직장 내 괴롭힘을 당했을 때 어떻게 대응할 수 있으며, 학교는 이를 예방하기 위해 어떤 조치를 취해야 하나요?

ⓐ 직장 내 괴롭힘은 국공립과 사립 초등학교 모두에서 발생할 수 있는 심각한 문제입니다. 교사들은 이에 대한 법적 보호를 받을 권리가 있으며, 학교는 예방과 대응에 대한 의무가 있습니다.

1. 국공립 초등교사

- 법적 보호 국가공무원법과 교육공무원법에 따라 직장 내 괴롭힘으로부터 보호받을 권리가 있습니다.
- 신고 절차 교육청이나 학교 내 고충처리위원회를 통해 신고할 수 있습니다.

2. 사립 초등교사

- 법적 보호 근로기준법에 따라 직장 내 괴롭힘으로부터 보호받을 권리가 있습니다.
- 신고 절차 학교 내 고충처리위원회나 노동청을 통해 신고할 수 있습니다.

3. 학교의 의무

- 직장 내 괴롭힘 예방 교육을 정기적으로 실시해야 합니다.
- 괴롭힘 발생 시 즉각적인 조사와 적절한 조치를 취해야 합니다.
- 피해자에 대한 불이익 조치를 금지해야 합니다.

┌─ **예시사례** ─────────────────────────

- 최근, 한 초등학교에서 교감이 신규 교사들에게 과도한 업무를 부과하고 모욕적인 언행을 한 사례가 있었습니다. 교육청 조사 후 해당 교감은 징계를 받고 전보 조치되었습니다.
- 최근, 사립초등학교에서 동료 교사들이 특정 교사를 따돌리고 험담을 퍼뜨린 사례가 있었습니다. 피해 교사의 신고로 학교는 가해 교사들에게 경고 조치를 내리고 직장 내 괴롭힘 예방 교육을 강화했습니다.

관련 법령 안내

1. 근로기준법 제76조의2 직장 내 괴롭힘의 금지
2. 근로기준법 제76조의3 직장 내 괴롭힘 발생 시 조치
3. 국가공무원법 제75조의3 공무원의 직장 내 괴롭힘 금지
4. 교육공무원법 제43조 교권의 존중과 신분보장

실무 팁!

📄 괴롭힘 상황이 발생하면 즉시 증거(이메일, 메시지, 목격자 진술 등)를 수집하세요.

📄 학교 내 고충처리위원회나 상담센터를 적극 활용하세요.

📑 심각한 경우 교육청(국공립) 또는 노동청(사립)에 직접 신고를 고려하세요.

📑 동료들과 건강한 직장 문화 조성을 위해 노력하고, 서로를 지지해주세요.

초등교사를 위한 조언

선생님들, 어떤 형태의 괴롭힘도 용납될 수 없습니다. 피해를 당하거나 목격했다면 침묵하지 마세요. 건강한 학교 문화는 우리 모두의 책임입니다. **서로 존중하고 배려하는 환경에서 더 나은 교육이 이루어집니다.**

📑 1.10

노동권 침해 시
일반적 구제절차

ⓠ 초등교사의 노동권이 침해되었을 때, 어떤 구제절차를 밟을 수 있나요? 국공
립과 사립 교사의 차이점은 무엇인가요?

Ⓐ 초등교사의 노동권 침해 시 구제절차는 국공립과 사립에 따라 다소 차이가
있지만, 기본적으로 법적 보호를 받을 수 있습니다.

1. 국공립 초등교사

- 교내 해결 학교장이나 교감에게 먼저 문제를 제기합니다.
- 교육청 신고 해결되지 않을 경우, 관할 교육청에 민원을 제기할
  수 있습니다.
- 소청심사 징계나 불이익 처분에 대해 소청심사위원회에 심사를
  청구할 수 있습니다.
- 행정소송 소청심사 결과에 불복할 경우 행정소송을 제기할 수
  있습니다.

2. 사립 초등교사

- 교내 해결 학교장이나 학교법인에 문제를 제기합니다.

- 노동청 신고 근로기준법 위반 사항에 대해 지방노동청에 진정을 제기할 수 있습니다.
- 노동위원회 구제신청 부당해고나 불이익 처분에 대해 노동위원회에 구제신청을 할 수 있습니다.
- 민사소송 임금체불 등의 문제는 민사소송을 통해 해결할 수 있습니다.

예시사례

- 최근, 한 국공립 초등학교 교사가 부당한 전보 조치를 받아 소청심사를 청구했습니다. 소청심사위원회는 해당 전보가 부당하다고 판단하여 원상회복 결정을 내렸습니다.
- 최근, 사립초등학교에서 계약직 교사가 정당한 이유 없이 재계약이 거부되어 노동위원회에 구제신청을 했습니다. 노동위원회는 부당해고로 판정하여 복직과 임금 지급을 명령했습니다.

관련 법령 안내

1. 국가공무원법 제9조 소청심사위원회의 설치
2. 교원의 지위 향상 및 교육활동 보호를 위한 특별법 제9조 소청심사의 청구 등
3. 근로기준법 제28조 부당해고 등의 구제신청
4. 노동위원회법 제2조의2 노동위원회의 소관 사무

실무 팁!

📄 문제 발생 시 즉시 관련 증거와 자료를 수집하고 기록해 두세요.
📄 공식적인 절차를 밟기 전에 먼저 대화를 통한 해결을 시도해 보세요.

📄 구제신청이나 소송 시 전문가(노무사, 변호사)의 조언을 구하는 것이 도움이 될 수 있습니다.

📄 교원단체나 노동조합에 가입되어 있다면, 해당 단체의 지원을 받을 수 있습니다.

초등교사를 위한 조언

선생님들, 노동권 침해는 결코 참고 넘어갈 일이 아닙니다. 정당한 권리를 지키는 것은 우리 자신뿐만 아니라 교육의 질을 위해서도 중요합니다. 문제가 발생했을 때 적절한 절차를 통해 해결하려는 노력이 필요합니다. **혼자 고민하지 마시고 동료나 전문가의 도움을 받으세요.**

교사가 행복해야
학생도 행복해집니다.

2장

교육활동 보호와
교원의 권리

📋 2.1

교육활동의
법적 정의와 범위

ⓠ 교육활동의 법적 정의는 무엇이며, 그 범위는 어디까지인가요?

Ⓐ 현행법상 '교육활동'에 대한 명확한 정의는 없지만, 관련 법령을 통해 그 범위를 유추할 수 있습니다.

- 법적 정의 「교원의 지위 향상 및 교육활동 보호를 위한 특별법」 (이하 '교원지위법')에는 '교육활동'에 대한 명시적 정의가 없습니다.
- 범위 유추 「학교안전사고 예방 및 보상에 관한 법률」(이하 '학교안전법')의 정의를 참고할 수 있습니다.
1. 학교의 교육과정에 따른 수업, 특별활동, 재량활동, 과외활동 등
2. 학교장 관리·감독 하의 현장체험학습, 수학여행 등
3. 등·하교 및 학교장이 인정하는 각종 행사 참가
4. 기타 학교장이 인정하는 교육활동과 관련된 활동

예시 사례

- 최근, 한 초등학교에서 교사가 온라인 수업 중 학생의 부적절한 행동을 제지하다 발생한 갈등이 '교육활동 침해'로 인정받아 교권보호위원회에서 다뤄졌습니다.

- 최근, 서울의 한 중학교에서 방과 후 학교 프로그램 중 발생한 사고에 대해 법원은 이를 교육활동으로 인정하고 학교 측의 책임을 인정했습니다.
- 최근, 코로나19 상황에서 원격수업 중 발생한 학생 간 사이버 괴롭힘 사건에 대해 교육부는 이를 교육활동의 범주에 포함시키고 학교의 개입과 조치를 권고했습니다.

관련 법령 안내

1. 교원의 지위 향상 및 교육활동 보호를 위한 특별법
2. 학교안전사고 예방 및 보상에 관한 법률 제2조 제4호
3. 초·중등교육법 제20조 제4항 "교사는 법령에서 정하는 바에 따라 학생을 교육한다."

실무 팁!

📄 교육활동의 범위를 넓게 해석하여 수업 외 학생 지도, 상담 등도 포함됨을 인지하세요.

📄 학교장의 승인을 받은 활동은 대부분 교육활동으로 인정될 수 있으니, 중요한 활동은 사전에 승인을 받으세요.

📄 교육활동 중 발생한 문제에 대해서는 즉시 학교 관리자에게 보고하고 기록을 남기세요.

초등교사를 위한 조언

선생님들, 여러분의 모든 교육 관련 활동이 법적 보호를 받을 수 있습니다. 수업뿐만 아니라 학생 생활지도, 상담, 특별활동 등도 교육활동에 포함됩니다. **활동의 성격이 불분명할 때는 학교장의 승인을 받아 진행하면 더욱 안전합니다.**

📑 2.2
교원지위법의
주요 내용과 적용

ⓠ 교원지위법의 주요 내용은 무엇이며, 어떻게 적용되나요?

Ⓐ 교원지위법(교원의 지위 향상 및 교육활동 보호를 위한 특별법)은 교원의 교육활동을 보호하고 교권을 강화하기 위한 법률입니다. 주요 내용과 적용은 다음과 같습니다

1. 교육활동 침해행위의 범위 확대
- 일반 형사범죄(무고죄 등)와 악성 민원 행위가 포함됨
- 목적이 정당하지 않은 민원을 반복적으로 제기하는 행위도 포함

2. 피해교원 보호조치 강화
- 교육활동 침해 발생 시 가해자와 피해교원을 즉시 분리
- 심리상담, 치료, 법률 지원 등 다양한 보호조치 제공

3. 아동학대 신고에 대한 대응
- 교원이 아동학대로 신고되어도 정당한 사유 없이 직위해제 불가
- 교육감이 수사기관에 교원의 정당한 교육활동에 대한 의견 제출 가능

4. 교육활동 침해 학생에 대한 조치

- 조치 주체를 학교장에서 교육장으로 변경
- 학생 분리 시 별도 교육방법 마련 의무화

5. 보호자에 대한 조치

- 교육활동 침해 보호자에게 특별교육, 심리치료 등 조치 가능
- 미이행 시 과태료 부과

예시사례

최근, 서울의 한 초등학교에서 교사가 학생 지도 중 발생한 갈등으로 아동학대 혐의로 신고되었으나, 개정된 교원지위법에 따라 즉각적인 직위해제 없이 교육청의 의견이 수사과정에 반영되어 무혐의 처리된 사례가 있었습니다.

관련 법령 안내

1. 교원의 지위 향상 및 교육활동 보호를 위한 특별법 제19조 교육활동 침해행위 정의
2. 동법 제20조 피해교원 보호조치
3. 동법 제6조 제3항 아동학대 신고 시 직위해제 제한
4. 동법 제26조 교육활동 침해 보호자 등에 대한 조치

실무 팁!

📄 교육활동 침해 발생 시 즉시 학교 관리자에게 보고하고 분리조치를 요청하세요.

📄 아동학대 신고를 받은 경우, 정당한 교육활동임을 입증할 자료를 준비하세요.

📄 악성 민원에 대해서는 대응 과정을 문서화하고 필요시 법적 조치를 고려하세요.

초등교사를 위한 조언

선생님들, 개정된 교원지위법은 여러분의 교육활동을 더욱 강력히 보호합니다. 정당한 교육활동에 자신감을 가지되, 학생과 학부모와의 소통에도 주의를 기울이세요. **문제 발생 시 혼자 고민하지 말고 동료 교사나 관리자와 상의하여 적절한 조치를 받으세요.**

📑 2.3

교원의 교육활동
자율권 보장

Ⓠ 교원의 교육활동 자율권은 어떻게 보장되며, 그 범위와 한계는 무엇인가요?

Ⓐ 교원의 교육활동 자율권은 법적으로 보장되지만, 동시에 일정한 범위와 한계가 있습니다.

법적 근거 교육기본법 제14조는 "교원은 교육과정의 운영과 교육활동의 수행에서 자율성을 보장받는다"고 규정하고 있습니다.

1. 자율권의 범위

- 교육과정 운영의 자율성
- 교수학습방법 선택의 자유
- 학생 평가 방식의 결정
- 학급 운영의 자율성

2. 자율권의 한계

- 국가 수준의 교육과정 준수
- 학교 규칙 및 방침 준수
- 학생의 인권 존중
- 교육 관련 법령 준수

- 최근, 한 초등학교 교사가 창의적인 수업 방식을 도입했으나 일부 학부모의 민원으로 제재를 받은 사례가 있었습니다. 교육청은 교사의 교육활동 자율권을 인정하여 해당 수업 방식을 지지했습니다.
- 최근, 교사의 과제 부과 방식에 대해 학부모가 이의를 제기한 사건에서, 법원은 교사의 교육활동 자율권을 인정하면서도 학교 규정을 준수해야 한다고 판결했습니다.
- 최근, 코로나19 상황에서 원격수업 방식에 대한 교사의 재량권을 인정한 교육부 지침이 발표되어, 교사들의 자율적인 수업 운영이 가능해졌습니다.

관련 법령 안내

1. 교육기본법 제14조 교원의 전문성 보장
2. 초 · 중등교육법 제20조 교직원의 임무
3. 교원의 지위 향상 및 교육활동 보호를 위한 특별법 제44조 교원의 교육활동 보호에 관한 종합계획의 수립 · 시행 등

실무 팁!

📄 교육과정 운영 시 국가 수준의 기준을 참고하되, 학생의 특성과 지역 실정에 맞게 재구성하세요.

📄 새로운 교수법 도입 시 동료 교사나 관리자와 사전 협의를 거치세요.

📄 학생 평가 방식 결정 시 학교의 평가 정책을 고려하되, 과목 특성에 맞는 방식을 선택하세요.

📄 교육활동 자율권 행사 시 그 근거와 목적을 명확히 하고 기록을 남기세요.

선생님들, 교육활동의 자율성은 우리의 권리이자 책임입니다. 창의적이고 효과적인 교육을 위해 자율권을 적극 활용하되, 학생의 권리와 학교의 규칙도 함께 고려해야 합니다. **균형 잡힌 시각으로 교육활동을 이끌어 나가세요.**

📑 2.4

교육활동 보호를 위한 예방 대책

ⓠ 교육활동 보호를 위해 어떤 예방 대책들이 마련되어 있나요?

ⓐ 교육활동 보호를 위한 예방 대책은 법적, 제도적, 실천적 측면에서 다양하게 마련되어 있습니다.

1. 법적 대책
- 교원지위법 개정을 통한 교육활동 침해 행위의 범위 확대
- 교육기본법 개정으로 학부모의 교육활동 존중 의무 명시

2. 제도적 대책
- 교권보호위원회 설치 및 운영 강화
- 교육활동 침해 학생에 대한 조치 주체를 학교장에서 교육장으로 변경

3. 실천적 대책
- 교육활동 침해 예방 교육 강화
- 학교 차원의 민원응대시스템 구축

- 최근, 교육부는 '교권 회복 및 보호 강화 종합방안'을 발표하여 교원의 교육활동을 보장하고 학생의 학습권을 보호하는 학생생활지도 고시를 제정했습니다.
- 최근, 중대한 교육활동 침해 조치사항을 학교생활기록에 기재하도록 하여 교육활동 침해에 대한 경각심을 높이고 예방을 강화했습니다.
- 최근, 일부 학교에서는 AI 챗봇을 도입하여 단순 반복적인 민원을 효율적으로 응대하고, 교사 개인의 사생활을 보호하기 위한 조치를 시행했습니다.

관련 법령 안내

1. 교육기본법 제14조 교원의 전문성 보장
2. 교육기본법 제13조 보호자의 교권 존중 의무
3. 교원의 지위 향상 및 교육활동 보호를 위한 특별법 제44조 교원의 교육활동 보호에 관한 종합계획의 수립·시행 등

실무 팁!

📄 학교 차원의 민원응대시스템을 적극 활용하여 개인적인 연락을 통한 민원 대응을 자제하세요.

📄 교육활동 침해 예방 교육에 적극적으로 참여하고, 학생들에게도 관련 교육을 실시하세요.

📄 교권보호위원회의 역할과 기능을 숙지하고, 필요시 적극적으로 활용하세요.

초등교사를 위한 조언

선생님들, 교육활동 보호는 법과 제도만으로는 충분하지 않습니다. 일상적인 교육 현장에서 학생, 학부모와의 원활한 소통과 상호 존중의 문화를 만들어가는 것이 가장 중요합니다. **예방 대책들을 잘 숙지하고 활용하되, 교육공동체 모두가 함께 성장할** 수 있는 환경을 만들어가는 데 앞장서 주세요.

🧾 2.5

교육활동 침해의
개념과 유형

Ⓠ **교육활동 침해의 개념은 무엇이며, 어떤 유형들이 있나요?**

Ⓐ **교육활동 침해는 교사의 정당한 교육활동을 방해하거나 교권을 침해하는 행위를 말합니다. 교원지위법에 따라 다음과 같은 유형으로 분류됩니다**

1. 교육활동 부당 간섭 수업이나 학교 활동에 대한 부적절한 개입
2. 성희롱 교사에 대한 성적 굴욕감이나 혐오감을 주는 행위
3. 정보통신망 이용 침해 교사에 대한 허위사실 유포나 명예훼손
4. 상해 및 폭행 신체적 위해를 가하는 행위
5. 협박 및 위협 교사를 두려움에 빠뜨리는 행위
6. 손괴 교사의 재산을 파괴하는 행위

┌─ **예시사례** ─────────────────────

- 최근, 한 초등학교에서 학부모가 수업 방식에 불만을 품고 교실에 무단 침입하여 수업을 방해한 사례가 있었습니다.
- 최근, 학생이 교사의 개인정보를 SNS에 유포하여 교권침해로 징계를 받은 사례가 있었습니다.

- 최근, 코로나19 상황에서 원격수업 중 학생이 부적절한 언어를 사용하여 교사를 모욕한 사례가 발생했습니다.

관련 법령 안내

1. 교원의 지위 향상 및 교육활동 보호를 위한 특별법 제14조
2. 교육기본법 제14조 교원의 전문성 존중
3. 초·중등교육법 제18조 학생의 징계

실무 팁!

📄 교육활동 침해 발생 시 즉시 학교 관리자에게 보고하고 기록을 남기세요.

📄 학생, 학부모와의 소통 시 전문성을 유지하면서도 상호 존중의 태도를 보이세요.

📄 교권보호위원회의 역할과 절차를 숙지하고 필요시 적극 활용하세요.

초등교사를 위한 조언

선생님들, 교육활동 침해는 여러분의 교육권뿐만 아니라 학생들의 학습권도 침해합니다. 침해 행위를 명확히 인지하고, 적절히 대응하는 것이 중요합니다. 하지만 가장 중요한 것은 예방입니다. **학생, 학부모와의 원활한 소통을 통해 상호 신뢰를 쌓아가세요.**

교원의 법적 책임 면제와
소송 지원

ⓠ 교원의 정당한 교육활동에 대한 법적 책임 면제와 소송 지원은 어떻게 이루어지나요?

Ⓐ 교원의 정당한 교육활동을 보호하고 법적 분쟁으로부터 교원을 지원하기 위해 다음과 같은 제도가 마련되어 있습니다

1. 아동학대 신고에 대한 보호

- 교원이 정당한 교육활동 중 아동학대로 신고된 경우, 정당한 사유 없이 직위해제 처분을 받지 않도록 보호됩니다.
- 교육감이 수사기관에 교원의 정당한 교육활동에 대한 의견을 제출할 수 있습니다.

2. 교원보호공제사업

- 교육활동 관련 분쟁이나 소송으로부터 교원을 보호하기 위해 교육감이 공제사업을 운영, 관리할 수 있습니다.

3. 법률 지원

- 교육활동과 관련된 분쟁 시 교원에게 법률 상담 및 소송 대리 등의 지원을 제공합니다.

4. 교권보호위원회

- 교육지원청에 설치된 지역교권보호위원회에서 교육활동 침해 사안을 심의하고 교원 보호 조치를 결정합니다.

예시사례

- 최근, 한 초등학교 교사가 학생 지도 과정에서 아동학대로 신고되었으나, 교육청의 의견 제출로 정당한 교육활동임이 인정되어 무혐의 처리된 사례가 있었습니다.
- 최근, 교사가 수업 중 발생한 사고로 학부모로부터 손해배상 소송을 당했으나, 교원보호공제사업을 통해 법률 지원을 받아 승소한 사례가 있었습니다.

관련 법령 안내

1. 교원의 지위 향상 및 교육활동 보호를 위한 특별법 제6조 교원의 신분보장
2. 동법 제17조 아동학대 사안에 대한 교육감의 의견 제출
3. 동법 제22조 교원보호공제사업

실무 팁!

- 교육활동 중 발생한 사안에 대해 즉시 학교 관리자에게 보고하고 상황을 문서화하세요.
- 법적 분쟁 발생 시 교육청이나 교원단체의 법률 지원 서비스를 적극 활용하세요.
- 아동학대 신고를 받은 경우, 당황하지 말고 교육청에 즉시 보고하여 의견 제출을 요청하세요.

초등교사를 위한 조언

선생님들, 정당한 교육활동에 대해서는 법적 보호를 받을 수 있습니다. 그러므로 법적 보호 제도를 선생님들이 잘 이해하고 활용하는 것이 중요합니다. 학생 지도 시 항상 신중을 기하고, 필요한 경우 동료나 관리자의 조언을 구하세요. **문제 발생 시 혼자 해결하려 하지 말고, 제도적 지원을 적극 활용하세요.**

교육활동 보호 관련
지역 조례와 정책

ⓠ 교육활동 보호를 위한 지역별 조례와 정책에는 어떤 것들이 있으며, 어떻게
적용되나요?

Ⓐ 교육활동 보호를 위한 지역별 조례와 정책은 각 시도교육청의 특성에 맞게
제정되어 운영되고 있습니다. 주요 내용은 다음과 같습니다

1. 교권보호위원회 운영

• 대부분의 시도에서 교육지원청 단위로 교권보호위원회를 설치·
  운영하고 있습니다.

2. 교원배상책임보험 가입

• 많은 시도에서 교원의 교육활동 중 발생할 수 있는 손해배상 책
  임을 보장하기 위해 보험에 가입하고 있습니다.

3. 교권보호지원센터 운영

• 교원의 교육활동 보호를 위한 상담, 법률 자문 등을 제공하는
  센터를 운영하고 있습니다.

4. 교육활동 침해 예방 교육

- 학생, 학부모, 교직원을 대상으로 한 예방 교육을 의무화하는 조례를 제정하여 시행하고 있습니다.

예시사례

- 최근, 서울특별시교육청은 '교원의 교육활동 보호 조례'를 개정하여 교육활동 침해 학생에 대한 특별교육 이수 의무화와 학부모 특별교육 참여 권고 조항을 신설했습니다.
- 최근, 경기도교육청은 '교권보호 및 교육활동 침해 예방에 관한 조례'를 통해 교권보호위원회의 구성과 운영에 관한 세부 사항을 규정하고, 교권보호지원센터의 설치 근거를 마련했습니다.
- 최근, 부산광역시교육청은 '교육활동 보호 지원 조례'를 제정하여 교원에 대한 법률 상담 및 심리 상담 지원을 강화했습니다.

관련 법령 안내

1. 교원의 지위 향상 및 교육활동 보호를 위한 특별법 제18조 교권보호위원회의 설치·운영
2. 각 시도교육청의 교육활동 보호 관련 조례

실무 팁!

- 소속 교육청의 교육활동 보호 관련 조례와 정책을 숙지하세요.
- 교권보호지원센터의 연락처와 이용 방법을 미리 알아두세요.
- 학교 차원의 교육활동 보호 정책 수립 시 지역 조례를 참고하세요.

선생님들, 우리 지역의 교육활동 보호 정책을 잘 알고 활용하는 것이 중요합니다. 이러한 정책들은 여러분의 교육활동을 보호하고 지원하기 위해 만들어졌습니다. 문제가 발생했을 때 개인적으로 해결하려 하지 말고, 제도적 지원을 적극적으로 활용하세요. 또한, 예방이 최선의 방법임을 기억하고, 학생과 학부모와의 원활한 소통에도 힘써주세요.

📋 2.8
교사의
교육권과 자율성

Ⓠ **교사의 교육권과 자율성은 어떻게 보장되며, 그 범위와 한계는 무엇인가요?**

Ⓐ **교사의 교육권과 자율성은 법적으로 보장되지만, 동시에 일정한 범위와 한계가 있습니다.**

1. 교육권의 법적 근거
- 교육기본법 제14조는 "교원은 교육과정의 운영과 교육활동의 수행에서 자율성을 보장받는다"고 규정하고 있습니다.
- 초·중등교육법 제20조 제4항은 "교사는 법령에서 정하는 바에 따라 학생을 교육한다"고 명시합니다.

2. 교육권의 범위
- 교육과정 운영의 자율성
- 교수학습방법 선택의 자유
- 학생 평가 방식의 결정
- 학급 운영의 자율성

3. 자율성의 한계
- 국가 수준의 교육과정 준수

- 학교 규칙 및 방침 준수
- 학생의 인권 존중
- 교육 관련 법령 준수

예시사례

- 최근, 한 초등학교 교사가 창의적인 수업 방식을 도입했으나 일부 학부모의 민원으로 제재를 받은 사례가 있었습니다. 교육청은 교사의 교육활동 자율권을 인정하여 해당 수업 방식을 지지했습니다.
- 최근, 교사의 과제 부과 방식에 대해 학부모가 이의를 제기한 사건에서, 법원은 교사의 교육활동 자율권을 인정하면서도 학교 규정을 준수해야 한다고 판결했습니다.
- 최근, 코로나19 상황에서 원격수업 방식에 대한 교사의 재량권을 인정한 교육부 지침이 발표되어, 교사들의 자율적인 수업 운영이 가능해졌습니다.

관련 법령 안내

1. 교육기본법 제14조 교원의 전문성 존중
2. 초·중등교육법 제20조 교직원의 임무
3. 교원의 지위 향상 및 교육활동 보호를 위한 특별법 제2조 교원에 대한 예우

실무 팁!

📄 교육과정 운영 시 국가 수준의 기준을 참고하되, 학생의 특성과 지역 실정에 맞게 재구성하세요.

📄 새로운 교수법 도입 시 동료 교사나 관리자와 사전 협의를 거치세요.

📄 학생 평가 방식 결정 시 학교의 평가 정책을 고려하되, 과목 특성에 맞는 방식을 선택하세요.

📄 교육활동 자율권 행사 시 그 근거와 목적을 명확히 하고 기록을 남기세요.

초등교사를 위한 조언

선생님들, 교육활동의 자율성은 우리의 권리이자 책임입니다. 창의적이고 효과적인 교육을 위해 자율권을 적극 활용하되, 학생의 권리와 학교의 규칙도 함께 고려해야 합니다. **균형 잡힌 시각으로 교육활동을 이끌어 나가세요.**

학생의 학습권과
교사의 의무

ⓠ 학생의 학습권은 어떻게 보장되며, 이와 관련된 교사의 의무는 무엇인가요?

Ⓐ 학생의 학습권은 헌법과 교육 관련 법령에 의해 보장되며, 교사는 이를 실현하기 위한 다양한 의무를 지닙니다.

1. 학생의 학습권

- 헌법 제31조에 따라 모든 국민은 능력에 따라 균등하게 교육받을 권리가 있습니다.
- 교육기본법 제3조는 모든 국민의 평생교육 기회를 보장합니다.

2. 교사의 의무

- 학생의 학습권 보장을 위한 수업 준비와 실행
- 학생 개개인의 특성을 고려한 맞춤형 교육 제공
- 공정한 평가와 피드백 제공
- 안전하고 건강한 학습 환경 조성

- 최근, 한 초등학교에서 학습 부진 학생들을 위한 맞춤형 학습 프로그램을 개발하여 학생들의 기초학력 향상에 기여한 사례가 있었습니다.
- 최근, 코로나19 상황에서 원격수업 중 학습 소외 계층 학생들을 위해 교사들이 개별 방문 지도를 실시한 사례가 있었습니다.
- 최근, 특수교육 대상 학생의 학습권 보장을 위해 일반 학급 교사와 특수교사가 협력하여 통합교육 모델을 개발한 사례가 있었습니다.

관련 법령 안내

1. 헌법 제31조 교육받을 권리
2. 교육기본법 제3조 학습권
3. 초 · 중등교육법 제20조 교직원의 임무
4. 장애인 등에 대한 특수교육법 제4조 차별의 금지

실무 팁!

🗒 학생 개개인의 학습 수준과 특성을 파악하고 이에 맞는 교육 방법을 적용하세요.

🗒 학습 부진 학생에 대한 추가적인 지원 방안을 마련하세요.

🗒 학부모와의 소통을 통해 가정에서의 학습 지원을 독려하세요.

🗒 특수교육 대상 학생이 있는 경우, 특수교사와 긴밀히 협력하세요.

선생님들, 모든 학생은 균등한 교육 기회를 받을 권리가 있습니다. 우리의 역할은 이 권리가 실현될 수 있도록 최선을 다하는 것입니다. 학생 개개인의 특성과 상황을 고려한 맞춤형 교육을 제공하고, 누구도 소외되지 않도록 노력해주세요. **학생의 학습권 보장은 곧 우리의 교육권 실현과 직결됩니다.**

교육활동 보호를 위한
정부의 역할

ⓠ 교육활동 보호를 위해 정부는 어떤 역할을 하고 있으며, 최근의 주요 정책은
무엇인가요?

🅐 정부는 교육활동 보호를 위해 법적, 제도적 기반을 마련하고 다양한 정책을
시행하고 있습니다.

1. 법적 기반 강화
- 「교원의 지위 향상 및 교육활동 보호를 위한 특별법」 개정
- 교육기본법, 초·중등교육법 등 관련 법률 정비

2. 종합계획 수립
- 교육부장관은 교원의 교육활동 보호에 관한 종합계획을 5년마
  다 수립
- 교육감은 매년 시행계획을 수립·시행

3. 교권보호위원회 체계 개편
- 학교 단위에서 교육지원청 단위로 교권보호위원회 이관
- 시·도 교육청에 교권보호위원회 설치

4. 교육활동 침해 대응 강화

- 교육활동 침해 학생에 대한 조치 주체를 학교장에서 교육장으로 변경
- 보호자 등에 대한 조치 강화 (특별교육, 심리치료 등)

5. 교원보호공제사업 운영

- 교육활동 관련 분쟁이나 소송으로부터 교원을 보호하기 위한 공제사업 실시

예시사례

- 최근, 교육부는 '교권 회복 및 보호 강화 종합방안'을 발표하여 교원의 교육활동을 보장하고 학생의 학습권을 보호하는 학생생활지도 고시를 제정했습니다.
- 최근, 중대한 교육활동 침해 조치사항을 학교생활기록에 기재하도록 하여 교육활동 침해에 대한 경각심을 높이고 예방을 강화했습니다.
- 최근, 일부 시·도 교육청에서는 교육활동 보호를 위한 조례를 개정하여 학교 방문자 사전 통지 시스템 개발·보급 등의 근거를 마련했습니다.

관련 법령 안내

1. 교원의 지위 향상 및 교육활동 보호를 위한 특별법
2. 교육기본법 제17조 국가 및 지방자치단체의 역할
3. 초·중등교육법 제18조의5 보호자의 의무 등

📄 교육부와 교육청의 교육활동 보호 관련 정책과 지침을 주기적으로 확인하세요.

📄 학교 차원의 교육활동 보호 정책 수립 시 정부의 종합계획을 참고하세요.

📄 교권보호위원회의 변경된 체계와 역할을 숙지하고 필요시 적극 활용하세요.

초등교사를 위한 조언

선생님들, 정부와 교육청은 여러분의 교육활동을 보호하기 위해 다양한 정책을 마련하고 있습니다. 이러한 제도적 장치들을 잘 이해하고 활용하는 것이 중요합니다. 하지만 가장 중요한 것은 일상에서의 학생, 학부모와의 신뢰 관계 구축입니다. **정책을 바탕으로 더 나은 교육환경을 만들어가는 주체가 되어주세요.**

교사가 행복해야
학생도 행복해집니다.

3장

교원의 복무와 근무 조건

교원의
법정 근무시간

Ⓠ 초등교사의 법정 근무시간은 어떻게 정해져 있으며, 어떤 특수성이 있나요?

Ⓐ 초등교사의 법정 근무시간은 다음과 같이 정해져 있습니다

1. 기본 근무시간

- 주 40시간이 원칙입니다.
- 일반적으로 1일 8시간, 주 5일 근무입니다.

2. 점심시간 포함

- 교원의 근무시간에는 점심시간이 포함됩니다.
- 이는 1985년 2월 6일 문교부 지침(교행 01136-104F)에 근거합니다.

3. 탄력적 운영

- 학교 교육과정 운영에 따라 탄력적으로 조정될 수 있습니다.
- 등하교 시간, 방과후 활동 등을 고려하여 조정됩니다.

4. 출퇴근 시간

- 보통 오전 8시 30분부터 오후 4시 30분까지입니다.
- 학교 실정에 따라 조정 가능합니다.

5. 초과근무

- 교육과정 운영, 생활지도 등으로 초과근무가 발생할 수 있습니다.
- 초과근무에 대한 보상 체계가 마련되어 있습니다.

예시사례

- 최근, A초등학교는 학교운영위원회 의결을 거쳐 교사들의 출근 시간을 오전 8시 40분으로 조정했습니다. 이는 학생들의 등교 시간을 고려한 결정이었습니다.
- 최근, B초등학교에서는 방과후 학교 운영으로 인한 교사들의 초과근무 문제를 해결하기 위해, 당직 교사제를 도입하여 순환 근무를 실시했습니다.

관련 법령 안내

1. 국가공무원 복무규정 제9조 공무원의 근무시간
2. 교육공무원법 제11조의4 계약제 임용 등
3. 초 · 중등교육법 제20조 교원의 임무

실무 팁!

📄 출퇴근 시간을 정확히 기록하고, 초과근무 발생 시 사전에 승인을 받으세요.

📄 학교의 근무시간 운영 방침을 숙지하고, 필요시 개선 의견을 제시하세요.

📄 점심시간을 효율적으로 활용하여 학생 지도와 개인적인 휴식의 균형을 찾으세요.

초등교사를 위한 조언

선생님들, 법정 근무시간은 우리의 기본적인 권리이자 의무입니다. 하지만 교육현장의 특성상 정해진 시간 내에 모든 업무를 마치기 어려울 때가 많죠. 근무시간을 효율적으로 활용하면서도, 필요한 경우 적절한 보상을 요구하는 것이 중요합니다.

교원의
출장 및 연수

Ⓠ 초등교사의 출장과 연수에 관한 규정은 어떻게 되며, 어떤 권리와 의무가 있나요?

Ⓐ 초등교사의 출장과 연수는 교육공무원법과 국가공무원 복무규정에 따라 다음과 같이 규정됩니다

1. 출장의 정의

- 상사의 명에 의하여 정규 근무지 이외의 장소에서 공무를 수행하는 것을 말합니다.

2. 출장의 구분

- 근무지내 출장 동일 시군 내 또는 여행거리 12km 미만의 출장
- 근무지외 출장 다른 시군으로의 출장 또는 여행거리 12km 이상의 출장

3. 연수의 권리와 의무

- 교육공무원법에 따라 교사는 연수를 받을 권리와 의무가 있습니다.

- 연수는 직무연수와 자격연수로 구분됩니다.

4. 출장 및 연수 시 복무

- 출장 및 연수 기간은 근무한 것으로 인정됩니다.
- 출장 중에는 공무 수행에 전념해야 하며, 사적인 일을 위해 시간을 소비해서는 안 됩니다.

5. 여비 지급

- 공무출장의 경우 공무원여비규정에 따라 여비를 지급받을 수 있습니다.
- 연수의 경우 관련 규정에 따라 연수 여비를 지급받을 수 있습니다.

예시사례

- 최근, 한 초등학교에서 교사가 온라인 수업 관련 직무연수에 참여하면서 출장 처리와 함께 연수 여비를 지급받았습니다.
- 최근, 학생 체험학습 인솔을 위해 근무지외 출장을 간 교사들에게 숙박비, 식비, 교통비 등의 여비가 지급되었습니다.

관련 법령 안내

1. 교육공무원법 제37조 연수의 기회균등
2. 국가공무원 복무규정 제6조 출장공무원
3. 공무원여비규정

실무 팁!

📄 출장 시 출장 명령서를 반드시 발급받고, 출장 후 결과 보고서를 제출하세요.

📑 연수 기회를 적극적으로 활용하여 전문성을 향상시키세요.

📑 출장이나 연수로 인해 수업 결손이 생기지 않도록 사전에 보강 계획을 세우세요.

초등교사를 위한 조언

선생님들, 출장과 연수는 우리의 전문성을 높이고 시야를 넓히는 좋은 기회입니다. 적극적으로 참여하여 새로운 교육 트렌드를 익히고, 다양한 경험을 쌓으세요. **이는 결국 우리 학생들에게 더 나은 교육을 제공하는 밑거름이 될 것입니다.**

교원의
겸직 금지와 예외

ⓠ **초등교사의 겸직 금지 원칙과 예외적으로 허용되는 경우는 무엇인가요?**

Ⓐ **초등교사를 포함한 교육공무원의 겸직은 원칙적으로 금지되지만, 일정 조건 하에서 예외적으로 허용됩니다**

1. 겸직 금지의 원칙
- 국가공무원법 제64조에 따라 공무원은 공무 외 영리업무 종사가 금지됩니다.
- 소속 기관장의 허가 없이 다른 직무를 겸할 수 없습니다.

2. 예외적 허용 사항
- 교육부 지침에 따라 일부 비영리 활동은 허용됩니다.
- 학술연구나 문화활동 등은 허가를 받아 가능합니다.

3. 허용 기준
- 담당 직무 수행에 지장이 없어야 합니다.
- 공무원의 직무상 능률 저하 우려가 없어야 합니다.

- 공무에 대한 부당한 영향이나 국가 이익과 상반되는 이익 취득 우려가 없어야 합니다.

4. 허가 절차

- 겸직 허가 신청서를 소속 기관장에게 제출합니다.
- 기관장은 허가 기준에 따라 심사 후 결정합니다.

5. 주의사항

- 허가 없이 겸직하거나 허위로 신청할 경우 징계 대상이 될 수 있습니다.
- 허가받은 겸직 내용과 실제 활동이 다를 경우 허가가 취소될 수 있습니다.

┌─ 예시사례 ─

- 최근, C초등학교 교사가 주말에 학원 강사로 일하다 적발되어 징계를 받았습니다. 이는 영리업무 겸직 금지 위반 사례입니다.
- 최근, D초등학교 교사가 교육청의 허가를 받아 대학에서 강의를 했습니다. 이는 적절한 겸직 허가 절차를 거친 사례입니다.

관련 법령 안내

1. 국가공무원법 제64조 영리 업무 및 겸직 금지
2. 교육공무원법 제19조의2 영리업무 및 겸직 금지
3. 국가공무원 복무규정 제25조 영리 업무의 금지
4. 국가공무원 복무규정 제26조 겸직 허가

실무 팁!

📄 겸직을 고려할 때는 반드시 사전에 허가 여부를 확인하세요.

📄 겸직 신청 시 활동의 구체적인 내용과 시간을 명확히 기재하세요.

📄 허가받은 겸직 활동의 내용이 변경될 경우 즉시 보고하고 재허가를 받으세요.

초등교사를 위한 조언

선생님들, 겸직에 대한 규정은 우리의 교육 활동에 집중할 수 있게 하기 위함입니다. 하지만 전문성 향상을 위한 활동은 허가를 받아 할 수 있으니, 적절한 절차를 거쳐 다양한 경험을 쌓는 것도 좋습니다. **단, 항상 학생들을 위한 본업에 지장이 없도록 주의해야 합니다.**

🗒️ 3.4

교원의
정치적 중립의무

Ⓠ 초등교사의 정치적 중립의무란 무엇이며, 어떤 행위가 허용되고 제한되나요?

Ⓐ 교원의 정치적 중립의무는 교육의 공정성과 중립성을 유지하기 위해 법으로 규정된 의무입니다. 주요 내용은 다음과 같습니다

1. 정치적 중립의무의 의미

- 교육공무원은 특정 정당이나 정치인을 지지하거나 반대하는 행위를 해서는 안 됩니다.
- 학생들에게 편향된 정치적 견해를 강요해서는 안 됩니다.

2. 허용되는 행위

- 개인적인 정치적 견해를 가지는 것
- 선거권 행사
- 교육정책에 대한 의견 개진

3. 제한되는 행위

- 정당 가입 및 정치활동 참여

- 선거운동 참여
- 수업 중 특정 정치인이나 정당에 대한 지지 또는 비방

4. 온라인 활동 주의사항
- 개인 SNS에서도 정치적 중립을 해치는 게시물 게시 금지
- 정치적 편향성을 드러내는 온라인 서명 운동 참여 자제

5. 교육활동에서의 적용
- 정치 관련 주제 다룰 때 다양한 관점 제시
- 학생들의 자유로운 토론 장려, 교사 개인 의견 강요 금지

예시사례

- 최근, E초등학교 교사가 개인 SNS에 특정 정당을 지지하는 글을 올려 징계를 받았습니다.
- 최근, F초등학교에서는 선거 기간 중 학생들과 정책 토론을 진행하면서, 교사가 중립적 입장을 유지하며 다양한 의견을 존중하는 모범 사례를 보였습니다.

관련 법령 안내

1. 대한민국 헌법 제7조 제2항 공무원의 정치적 중립성
2. 국가공무원법 제65조 정치운동의 금지
3. 교육기본법 제14조 제4항 교원의 정치적 중립성
4. 공직선거법 제9조 공무원의 중립의무 등

📄 수업 중 정치적 이슈를 다룰 때는 객관적 사실 전달에 초점을 맞추세요.

📄 개인 SNS 사용 시 정치적 견해 표현에 주의하세요.

📄 선거 기간 중 학교에서의 정치적 행위에 특히 주의를 기울이세요.

초등교사를 위한 조언

선생님들, 우리의 정치적 중립의무는 교육의 공정성을 지키기 위한 것입니다. 개인의 정치적 견해를 완전히 배제하라는 뜻이 아니라, 교육현장에서 중립성을 유지하라는 의미입니다. **학생들에게 다양한 관점을 제시하고, 스스로 생각할 수 있는 능력을 키워주는 것이 우리의 역할임을 기억해주세요.**

📑 3.5

교원의
품위유지 의무

ⓠ 초등교사의 품위유지 의무란 무엇이며, 어떤 행위가 이에 해당하나요?

Ⓐ 교원의 품위유지 의무는 교육자로서의 사회적 책임과 윤리성을 유지해야 하
는 의무를 말합니다. 이는 국가공무원법과 교육공무원법에 명시되어 있으
며, 주요 내용은 다음과 같습니다

1. 법적 근거

- 국가공무원법 제63조는 "공무원은 직무의 내외를 불문하고 그
  품위가 손상되는 행위를 하여서는 아니 된다"고 규정하고 있습
  니다.
- 교육공무원법 제43조는 "교육공무원은 그 직무의 성질상 학생
  에게 모범이 되어야 한다"고 명시하고 있습니다.

2. 품위유지 의무의 범위

- 교육활동 중 언행
- 사생활에서의 행동
- SNS 등 온라인상의 활동
- 금전적 거래 및 재산 관리

3. 품위손상 행위의 예

- 음주운전
- 성범죄 및 성희롱
- 폭력 행위
- 부적절한 SNS 사용
- 금전 관련 비위 행위

예시사례

- 최근, 한 초등학교 교사가 SNS에 부적절한 정치적 견해를 게시하여 징계를 받은 사례가 있었습니다.
- 최근, 음주운전으로 적발된 교사가 품위유지 의무 위반으로 중징계를 받았습니다.
- 최근, 학부모로부터 금전을 차용한 교사가 품위손상 행위로 경고 조치를 받은 사례가 있었습니다.

관련 법령 안내

1. 국가공무원법 제63조 품위 유지의 의무
2. 교육공무원법 제44조의2 직위해제
3. 교육공무원 징계양정 등에 관한 규칙

실무 팁!

📄 사생활에서도 교육자로서의 책임감을 가지고 행동하세요.

📄 SNS 사용 시 개인 의견 표현에 신중을 기하세요.

📄 학부모나 학생과의 사적인 금전 거래는 피하세요.

📄 음주나 도박 등 사회적 물의를 일으킬 수 있는 행위를 자제하세요.

초등교사를 위한 조언

선생님들, 우리의 언행은 학생들에게 중요한 본보기가 됩니다. 교육자로서의 품위를 지키는 것은 단순한 의무를 넘어 우리의 전문성과 직결됩니다. 일상생활에서도 항상 교육자로서의 책임감을 가지고 행동하며, 학생과 학부모, 사회로부터 신뢰받는 교육자가 되도록 노력합시다.

📋 3.6

교원의
의무

ⓠ 초등교사의 의무에는 어떤 것들이 있으며, 이를 어떻게 준수해야 하나요?

🅐 초등교사의 의무는 국가공무원법과 교육공무원법에 근거하여 다음과 같이 규정됩니다

1. 성실 의무

- 교사는 법령을 준수하고 성실히 직무를 수행해야 합니다.
- 학생 교육과 관련된 모든 업무에 최선을 다해야 합니다.

2. 복종 의무

- 상급자의 직무상 명령에 복종해야 합니다.
- 단, 위법·부당한 명령에 대해서는 소명할 수 있습니다.

3. 비밀 엄수 의무

- 직무상 알게 된 비밀을 누설해서는 안 됩니다.
- 학생과 학부모의 개인정보 보호에 주의해야 합니다.

4. 청렴 의무

- 직무와 관련하여 사례, 증여 또는 향응을 받아서는 안 됩니다.

- 공정한 직무 수행을 해치는 행위를 해서는 안 됩니다.

5. 품위 유지 의무

- 교육자로서의 품위를 손상하는 행위를 해서는 안 됩니다.
- 사회적 책임과 도덕성을 갖추어야 합니다.

┌─ **예시사례** ─────────────────────────────

- 최근, 한 초등학교 교사가 학생의 개인정보를 SNS에 무단으로 공개하여 비밀 엄수 의무 위반으로 징계를 받았습니다.
- 최근, 학부모로부터 고가의 선물을 받은 교사가 청렴 의무 위반으로 경고 조치를 받은 사례가 있었습니다.

관련 법령 안내

1. 국가공무원법 제56조 성실 의무
2. 국가공무원법 제57조 복종 의무
3. 국가공무원법 제60조 비밀 엄수의 의무
4. 국가공무원법 제61조 청렴의 의무
5. 국가공무원법 제63조 품위 유지의 의무

실무 팁!

📄 학생 및 학부모와의 관계에서 항상 공정성을 유지하세요.

📄 개인정보 관리에 각별히 주의하고, 필요 시 동의를 받아 처리하세요.

📄 금품이나 향응 제공 시도가 있다면 즉시 거절하고 상황을 기록해 두세요.

📄 사회관계망 서비스 사용 시 교육자로서의 품위를 고려하세요.

선생님들, 우리의 복무 상 의무는 단순한 규정이 아닌 교육자로서의 책임과 윤리를 반영합니다. 이러한 의무를 성실히 이행함으로써 학생과 학부모의 신뢰를 얻고, 더 나은 교육환경을 만들 수 있습니다. **항상 교육자로서의 자부심과 책임감을 가지고 행동해 주세요.**

📋 3.7
교원의
근무지 이탈 금지

ⓠ 초등교사의 근무지 이탈 금지 의무란 무엇이며, 어떤 예외 사항이 있나요?

ⓐ 교원의 근무지 이탈 금지는 공무원으로서의 성실 의무와 직결되는 중요한 의무입니다. 주요 내용은 다음과 같습니다.

1. 근무지 이탈 금지의 의미
- 교사는 정당한 이유 없이 근무시간 중 임의로 근무지를 이탈해서는 안 됩니다.
- 수업 시간뿐만 아니라 근무 시간 전체에 적용됩니다.

2. 예외적으로 허용되는 경우
- 공무 수행을 위한 출장
- 긴급한 개인 사정으로 학교장의 허가를 받은 경우
- 점심시간 등 공식적인 휴게시간

3. 근무지 이탈 시 절차
- 사전에 학교장의 허가를 받아야 합니다.

- 긴급 상황 시 사후 보고를 해야 합니다.

4. 위반 시 제재

- 경고, 주의 등의 행정 조치
- 심각한 경우 징계 처분의 대상이 될 수 있습니다.

예시사례

- 최근, 한 초등학교 교사가 수업 시간 중 무단으로 근무지를 이탈하여 징계를 받은 사례가 있었습니다.
- 최근, 코로나19 상황에서 원격수업 중 교사가 학교가 아닌 장소에서 수업을 진행하다 문제가 된 사례가 있었습니다. 이에 대해 교육청은 원격수업도 학교에서 진행해야 한다는 지침을 내렸습니다.

관련 법령 안내

1. 국가공무원법 제56조 성실 의무
2. 국가공무원법 제58조 직장 이탈 금지
3. 초·중등교육법 제20조 교직원의 임무

실무 팁!

📄 개인적인 용무로 근무지를 이탈해야 할 경우, 반드시 사전에 학교장의 허가를 받으세요.

📄 긴급 상황 발생 시 즉시 관리자에게 연락하고, 사후 보고를 철저히 하세요.

📄 출장이나 연수 등으로 근무지를 벗어날 때는 공식 절차를 반드시 따르세요.

선생님들, 근무지 이탈 금지는 우리의 책임감과 직결되는 중요한 의무입니다. 학생들의 안전과 학습권 보장을 위해 꼭 필요한 규정이에요. 부득이한 경우가 있다면 반드시 정해진 절차를 따라주세요. **우리의 성실한 근무 자세가 학생들에게 좋은 본보기가 됩니다.**

📑 3.8
교원의
업무 분장과 책임

ⓠ 초등교사의 업무 분장은 어떻게 이루어지며, 각 업무에 대한 책임은 어떻게 규정되나요?

Ⓐ 초등교사의 업무 분장과 책임은 학교 운영의 효율성과 교육의 질을 보장하기 위해 중요합니다. 주요 내용은 다음과 같습니다

1. 업무 분장의 원칙

- 교사의 전문성, 경력, 적성을 고려하여 공정하게 이루어져야 합니다.
- 학교장의 권한이지만, 교사들의 의견을 수렴하여 결정합니다.

2. 주요 업무 영역

- 교과 지도 수업 계획, 실행, 평가
- 학급 운영 학급 경영, 생활 지도
- 행정 업무 각종 문서 작성, 보고 등
- 특별 활동 동아리, 방과 후 활동 등

3. 책임의 범위

- 담당 업무에 대한 성실한 수행 의무
- 학생의 안전과 교육적 성장에 대한 책임
- 업무 수행 중 발생한 문제에 대한 책임

4. 업무 조정

- 학기 중 필요에 따라 업무 조정 가능
- 교사의 요청이나 학교의 필요에 의해 이루어짐

예시사례

- 최근, A초등학교에서는 교사들의 의견을 반영한 '업무 분장 협의회'를 통해 업무를 공정하게 배분하고, 이를 통해 교사들의 만족도가 크게 향상되었습니다.
- 최근, B초등학교에서는 과중한 행정 업무로 인한 교사들의 스트레스를 줄이기 위해 행정 전담팀을 구성하여 운영한 결과, 교사들이 수업과 학생 지도에 더 집중할 수 있게 되었습니다.

관련 법령 안내

1. 초·중등교육법 제20조 교직원의 임무
2. 국가공무원법 제57조 복종의 의무
3. 행정업무의 운영 및 혁신에 관한 규정 제60조 업무의 분장

실무 팁!

📄 업무 분장 시 자신의 강점과 전문성을 고려하여 의견을 제시하세요.

📄 과도한 업무 부담이 있다면 동료 교사나 관리자와 상의하여 조정을 요청하세요.

📄 새로운 업무를 맡게 될 경우, 관련 연수나 선배 교사의 조언을 적극 활용하세요.

초등교사를 위한 조언

선생님들, 업무 분장은 우리 모두의 책임을 나누는 과정입니다. 자신의 역량을 최대한 발휘할 수 있는 업무를 맡되, 동료들과의 협력도 중요합니다. 업무에 대한 책임감을 가지되, 필요하다면 도움을 요청하는 것도 잊지 마세요. **균형 잡힌 업무 분장이 더 나은 교육환경을 만드는 첫걸음입니다.**

교원의
휴가 제도 개요

Ⓠ 초등교사의 휴가 제도는 어떻게 구성되어 있으며, 주요 휴가 유형과 그 특징은 무엇인가요?

Ⓐ 초등교사의 휴가 제도는 국가공무원 복무규정과 교육공무원법에 따라 다음과 같이 구성됩니다

1. 연가(연차휴가)

- 근속기간에 따라 연간 21일에서 최대 26일까지 부여됩니다.
- 학기 중 사용이 제한적이며, 주로 방학 기간에 사용합니다.

2. 병가

- 연 60일 이내의 병가가 가능합니다.
- 공무상 질병인 경우 180일까지 연장 가능합니다.

3. 공가

- 예비군 훈련, 공무원 채용시험 응시 등의 경우 부여됩니다.

4. 특별휴가

- 결혼, 출산, 사망 등의 경우에 부여되는 휴가입니다.
- 출산휴가의 경우 90일(다태아의 경우 120일)이 주어집니다.

5. 재량휴업일

- 학교장 재량으로 정하는 휴업일로, 교사들도 휴식할 수 있습니다.

예시사례

- 최근, 코로나19 상황에서 교사들의 백신 접종을 위한 공가 사용이 확대되었습니다.
- 최근, 일부 학교에서 교사들의 업무 부담 경감을 위해 재량휴업일을 탄력적으로 운영한 사례가 있었습니다.

관련 법령 안내

1. 국가공무원 복무규정 제14조 휴가의 종류
2. 교원휴가에 관한 예규
3. 교원의 지위 향상 및 교육활동 보호를 위한 특별법 제23조 특별휴가

실무 팁!

📄 연가 사용 시 학사 일정을 고려하여 계획을 세우세요.

📄 병가 사용 시 진단서 등 증빙 서류를 반드시 제출하세요.

📄 특별휴가는 사유 발생 즉시 신청하고 필요한 서류를 준비하세요.

초등교사를 위한 조언

선생님들, 휴가는 우리의 권리이자 재충전의 기회입니다. 학생들을 위한 열정적인 교육활동도 중요하지만, 자신의 건강과 삶의 질을 위해 적절히 휴가를 사용하는 것도 필요합니다. **휴가 제도를 잘 이해하고 계획적으로 사용하여 업무와 삶의 균형을 유지하세요.**

📑 3.10

교원의
당직 근무

ⓠ 초등교사의 당직 근무는 어떻게 이루어지며, 관련 규정과 주의사항은 무엇인가요?

🄰 초등교사의 당직 근무는 학교 운영과 안전을 위한 업무이지만 일반적으로 당직 기사를 고용하여 운영하고 있습니다.

1. 당직의 목적
- 학교 시설물 관리 및 보안
- 긴급 상황 발생 시 초동 대처
- 학교 행정업무의 연속성 유지

2. 당직의 유형
- 일직 공휴일이나 휴업일에 수행하는 근무
- 숙직 야간에 학교에 머물며 수행하는 근무

3. 당직 근무 시간
- 일직 보통 오전 9시부터 오후 6시까지
- 숙직 일과 후부터 다음날 일과 시작 전까지

4. 당직자의 주요 업무

- 학교 시설물 순찰 및 이상 유무 확인
- 문서 및 우편물 접수
- 비상 상황 발생 시 관리자 및 유관기관 연락

5. 당직 수당

- 공무원 수당 등에 관한 규정에 따라 지급
- 일직, 숙직에 따라 차등 지급

예시사례

- 최근, 한 초등학교에서 당직 기사가 야간 순찰 중 화재 징후를 발견하여 초기 진화에 성공한 사례가 있었습니다.
- 최근, 한 초등학교에서 당직 기사가 야간 순찰 중 안전사고 징후를 발견하여 사고 예방을 성공한 사례가 있었습니다.

관련 법령 안내

1. 국가공무원 복무규정 제5조 당직 및 비상근무
2. 공무원 수당 등에 관한 규정 제15조 시간외근무수당
3. 각 시도교육청의 교육공무원 복무 조례

실무 팁!

📄 비상연락망을 항상 확인하세요.

📄 당직 기사님과 소통을 잘 하면 좋습니다.

📄 근무시간 이후 발생한 문제는 즉시 관리자에게 보고하세요.

초등교사를 위한 조언

선생님들, 지금은 당직 근무가 없지만 예전에는 당직 근무를 했었답니다. 교사들의 권리를 주장한 덕분에 당직 근무가 사라졌음을 기억하고 권리 신장을 위한 관심과 노력을 지속적으로 해야 할 것입니다.

교사가 행복해야
학생도 행복해집니다.

4장

보수체계와
수당

교원 보수체계의
기본 구조

ⓠ 초등교사의 보수체계는 어떻게 구성되어 있으며, 국공립과 사립 교사의 차이는 무엇인가요?

ⓐ 초등교사의 보수체계는 국공립과 사립에 따라 다르게 적용되며, 각각의 법적 기준에 따라 설정됩니다.

1. 국공립 초등교사

- 임금 체계 공무원보수규정에 따른 호봉제가 적용됩니다. 교사는 경력에 따라 호봉이 올라가며, 매년 승급이 이루어집니다.
- 기본급 기본급은 호봉에 따라 결정되며, 초임 교사의 연봉은 약 3,663만 원입니다. (매년 1월 인사혁신처에서 호봉표를 결정함.)
- 수당 다양한 수당이 지급됩니다. 주요 수당으로는 정근수당, 가족수당, 교직수당, 담임수당, 시간외근무수당 등이 있습니다.

2. 사립 초등교사

- 임금 체계 각 학교법인의 보수규정에 따르며, 대체로 국공립 교사 수준을 참고합니다.

- 기본급 학교에 따라 다를 수 있으나, 많은 경우 국공립 교사의 호봉제를 준용합니다.
- 수당 학교의 재정 상황과 규정에 따라 다양한 수당이 지급될 수 있습니다. 일반적으로 담임수당, 시간외근무수당 등이 포함됩니다.

예시사례

- 최근, 교육부는 교원의 업무 부담을 고려하여 교직수당을 인상하고 방과후 학교 운영 수당을 신설했습니다. 이는 교사들의 처우 개선을 위한 조치로 평가받고 있습니다.
- 최근, 일부 사립학교에서 국공립 교사와의 임금 격차 해소를 위해 처우개선 수당을 도입한 사례가 있었습니다. 이를 통해 사립학교 교사들의 급여 수준이 개선되었습니다.

관련 법령 안내

1. 공무원 보수규정
2. 공무원수당 등에 관한 규정
3. 교원의 지위 향상 및 교육활동 보호를 위한 특별법 제3조 교원 보수의 우대
4. 근로기준법 제43조 임금 지급

실무 팁!

📄 매월 급여명세서를 꼼꼼히 확인하고, 의문사항은 즉시 문의하세요.

📄 초과근무에 대한 수당 지급 기준을 확인하고 적절한 보상을 받도록 하세요.

📄 사립학교 교사의 경우, 근로계약서와 학교의 보수규정을 철저히 검토하여 불합리한 부분이 있을 경우 개선을 요구하세요.

📄 연봉계약서나 보수규정의 내용을 정확히 이해하고 있어야 합니다.

초등교사를 위한 조언

선생님들, 우리의 노력에 대한 정당한 보상은 교육의 질을 높이는 데 중요한 요소입니다. 여러분의 임금과 수당 체계를 정확히 이해하고 필요시 개선을 요구하세요. **우리의 권리를 지키는 것이 곧 교육의 질을 높이는 길임을 기억하세요.**

📑 4.2

기본급
산정 방식

Ⓠ 초등교사의 기본급은 어떻게 산정되며, 국공립과 사립 교사의 차이점은 무엇인가요?

Ⓐ 초등교사의 기본급 산정 방식은 국공립과 사립에 따라 다르게 적용됩니다

1. 국공립 초등교사

- 공무원보수규정에 따른 호봉제가 적용됩니다.
- 호봉은 교육경력과 그 외 경력을 합산하여 결정됩니다.
- 매년 1월 1일에 정기적으로 호봉이 승급됩니다.
- 초임 교사(8호봉)의 월 기본급은 약 2,185,800원입니다.
- 매년 1월 인사혁신처에서 호봉표를 결정합니다.

2. 사립 초등교사

- 각 학교법인의 보수규정에 따라 결정되지만, 대체로 국공립 교사의 호봉제를 준용합니다.
- 일부 사립학교에서는 연봉제를 채택하기도 합니다.
- 학교의 재정 상황에 따라 국공립 교사와 동일한 수준 또는 그 이상의 기본급을 지급하기도 합니다.

- 최근, A 사립초등학교는 교사들의 처우 개선을 위해 국공립 교사 기본급의 105% 수준으로 기본급을 인상했습니다.
- 최근, 일부 사립학교에서는 성과연봉제를 도입하여 기본급과 성과급을 분리하는 시도를 했으나, 교원단체의 반대로 철회된 사례가 있었습니다.

관련 법령 안내

1. 공무원 보수규정
2. 학교법인의 보수규정
3. 교육공무원법 제34조 교육공무원의 보수 결정 원칙

실무 팁!

📄 매년 발표되는 공무원 보수규정 개정안을 확인하여 기본급 변동 사항을 체크하세요.

📄 사립학교 교사는 임용 시 기본급 산정 방식을 명확히 확인하고 계약서에 명시하도록 하세요.

📄 경력 인정 범위와 호봉 획정에 대해 정확히 이해하고, 필요시 인사 담당자에게 문의하세요.

초등교사를 위한 조언

선생님들, 기본급은 우리 생활의 기본이 되는 중요한 부분입니다. 자신의 경력과 호봉, 그리고 기본급 산정 방식을 정확히 이해하는 것이 중요합니다. 특히 사립학교 선생님들은 계약 시 이

부분을 꼼꼼히 확인하세요. 우리의 노력에 걸맞은 대우를 받는 것이 더 나은 교육으로 이어질 수 있습니다.

📋 4.3
수당의 종류와
지급 기준

Q 초등교사에게 지급되는 수당의 종류와 지급 기준은 어떻게 되나요?

A 초등교사에게 지급되는 수당은 국공립과 사립에 따라 다소 차이가 있지만, 주요 수당의 종류와 지급 기준은 다음과 같습니다

1. 정근수당
- 1년 이상 근속한 교사에게 지급
- 근속연수에 따라 월봉급액의 0~50% 지급

2. 교직수당
- 모든 교사에게 월 250,000원 지급

3. 담임수당
- 학급담임 교사에게 월 130,000원 지급

4. 시간외근무수당
- 정규 근무시간 외 근무에 대해 지급
- 시간당 통상임금의 1.5배 지급

5. 가족수당

- 부양가족이 있는 교사에게 지급
- 배우자 40,000원, 기타 부양가족 1인당 20,000원 지급

6. 보전수당

- 특수업무 수행 교사에게 지급
- 업무의 종류와 난이도에 따라 차등 지급

예시사례

- 최근, 교육부는 교원의 업무 부담을 고려하여 교직수당을 월 250,000원으로 인상했습니다.
- 최근, 일부 시도교육청에서는 농어촌 지역 근무 교사에게 특별수당을 신설하여 지급하기 시작했습니다.

관련 법령 안내

1. 공무원수당 등에 관한 규정
2. 교원의 지위 향상 및 교육활동 보호를 위한 특별법 제3조 교원 보수의 우대

실무 팁!

📄 매월 급여명세서를 꼼꼼히 확인하여 수당이 정확히 지급되었는지 확인하세요.

📄 특수업무를 수행할 경우, 관련 수당 지급 여부를 사전에 확인하세요.

📄 시간외근무 시 반드시 사전 승인을 받고 기록을 남겨 수당을 청구하세요.

선생님들, 다양한 수당은 여러분의 노고에 대한 정당한 보상입니다. 자신에게 해당하는 수당을 정확히 알고 받는 것이 중요합니다. 특히 시간외근무나 특수업무 수행 시 관련 수당을 꼭 확인하세요. 하지만 수당만을 위해 일하는 것이 아니라, 학생들을 위한 열정으로 교육에 임하는 것이 더욱 중요함을 잊지 마세요.

성과상여금
제도

Ⓠ 초등교사의 성과상여금 제도는 어떻게 운영되며, 어떤 특징과 쟁점이 있나요?

Ⓐ 초등교사의 성과상여금 제도는 교원의 업무 성과를 평가하여 차등적으로 보상하는 제도입니다. 주요 특징은 다음과 같습니다

1. 평가 기준

- 수업 능력, 학생 지도, 업무 수행 능력 등을 종합적으로 평가합니다.
- 학교별로 세부 평가 기준을 수립하여 운영합니다.

2. 지급 방식

- 평가 결과에 따라 S, A, B 등급으로 나누어 차등 지급됩니다.
- 일반적으로 S등급 30%, A등급 50%, B등급 20%로 구분됩니다.

3. 쟁점

- 객관적 평가의 어려움과 교사 간 경쟁 유발에 대한 우려가 있습니다.

- 교육의 특성상 단기적 성과 측정의 한계가 지적되고 있습니다.
- 비교과교사(보건, 영양, 사서, 상담 교사 등)에 대한 문제가 제기되고 있습니다.

예시사례

- 최근, A초등학교에서는 성과상여금 평가 기준에 동료 평가를 도입하여 평가의 객관성을 높이려 했으나, 교사들 간의 갈등이 발생한 사례가 있었습니다.
- 최근, 일부 교육청에서는 성과상여금 제도의 문제점을 개선하기 위해 '교육활동 지원금' 형태로 전환하여 모든 교사에게 균등 지급하는 방안을 시도했습니다.
- 최근, 전국교직원노동조합이 실시한 설문조사에서 응답자의 92%가 성과급 제도가 비교과교사에게 차별적이라고 답했습니다.

관련 법령 안내

1. 공무원 수당 등에 관한 규정 제7조의2 성과상여금
2. 교육공무원 성과상여금 지급 기준 (교육부)

실무 팁!

📄 성과상여금 평가 기준을 미리 확인하고, 자신의 교육활동을 객관적으로 기록해두세요.

📄 평가 결과에 이의가 있을 경우, 정해진 절차에 따라 이의신청을 할 수 있습니다.

📄 비교과교사의 경우, 업무 특성을 고려한 평가 기준 마련을 요구할 수 있습니다.

초등교사를 위한 조언

선생님들, 성과상여금 제도는 교육의 질을 높이기 위한 하나의 방법일 뿐입니다. 이 제도로 인해 동료 간 경쟁이나 갈등이 생기지 않도록 주의해야 합니다. 특히 교과교사와 비교과교사 간의 이해와 협력이 중요합니다. **가장 중요한 것은 우리 학생들을 위한 진심 어린 교육입니다. 제도의 취지를 이해하되, 본질적인 교육 가치를 잃지 않도록 합시다.**

📑 4.5
연가보상비와
명절휴가비

Ⓠ 초등교사의 연가보상비와 명절휴가비는 어떻게 지급되며, 그 기준은 무엇인가요?

Ⓐ 초등교사의 연가보상비와 명절휴가비는 다음과 같이 지급됩니다

1. 연가보상비
- 사용하지 않은 연가일수에 대해 보상금을 지급합니다.
- 보상 일수는 최대 20일까지이며, 미사용 연가일수에 따라 계산됩니다.
- 지급액은 통상임금을 기준으로 산정됩니다.
- 연가보상비 = 1일 평균임금 × 미사용 연가일수

2. 명절휴가비
- 설날과 추석에 각각 지급됩니다.
- 지급 금액은 보수월액의 60%입니다.
- 지급 기준일 현재 재직 중인 교원에게 지급됩니다.
- 연 2회 지급되며, 각각 보수월액의 60%씩 총 120%가 지급됩니다.

3. 연가 사용 촉진제도

- 학교장은 교사의 연가 사용을 촉진하기 위해 연가 사용을 권장해야 합니다.
- 연가 사용 촉진에도 불구하고 사용하지 못한 연가에 대해 보상비를 지급합니다.

예시 사례

- 최근, 교육부는 코로나19로 인한 교원들의 업무 가중을 고려하여 연가보상비 지급 기준을 완화하여 적용했습니다. 예를 들어, 평상시에는 최대 20일까지만 보상했던 것을 한시적으로 25일까지 확대했습니다.
- 최근, 일부 시도교육청에서는 명절휴가비 지급 시기를 앞당겨 교원들의 경제적 부담을 덜어주는 정책을 시행했습니다. 구체적으로, 설날 명절휴가비를 1월 중순에 지급하여 명절 준비에 도움을 주었습니다.

관련 법령 안내

1. 공무원 수당 등에 관한 규정 제18조의3 명절휴가비
2. 공무원 수당 등에 관한 규정 제18조의5 연가보상비
3. 국가공무원 복무규정 제16조 연가 계획 및 승인

실무 팁!

📄 연가 사용 계획을 미리 세워 연가보상비와 휴식 간의 균형을 맞추세요.

📄 명절휴가비 지급 시기와 금액을 미리 확인하여 재정 계획에 반영하세요.

📄 연가보상비 산정 기준을 정확히 이해하고, 필요시 행정실에 문의하세요.

선생님들, 연가보상비와 명절휴가비는 우리의 노고에 대한 정당한 보상입니다. 하지만 연가는 휴식을 위한 것이므로, 가능한 한 사용하여 재충전의 시간을 가지세요. 또한, 명절휴가비는 우리 문화를 존중하는 의미도 있으니, 이를 통해 가족과 함께하는 시간을 더욱 풍성하게 만들어보세요. **적절한 휴식은 더 나은 교육으로 이어진다는 점을 기억해주세요.**

📑 4.6

교원의
연금과 퇴직금

Ⓠ 초등교사의 연금과 퇴직금 제도는 어떻게 운영되며, 국공립과 사립 교사의
차이점은 무엇인가요?

Ⓐ 초등교사의 연금과 퇴직금 제도는 국공립과 사립에 따라 다르게 적용됩니다

1. 국공립 초등교사

- 공무원연금법에 따라 공무원연금에 가입됩니다.
- 퇴직 시 퇴직연금 또는 퇴직일시금을 선택할 수 있습니다.
- 20년 이상 재직 시 퇴직연금 수급 자격이 주어집니다.

2. 사립 초등교사

- 사학연금법에 따라 사립학교교직원연금에 가입됩니다.
- 퇴직 시 퇴직연금 또는 퇴직일시금을 선택할 수 있습니다.
- 20년 이상 재직 시 퇴직연금 수급 자격이 주어집니다.

3. 연금 산정 방식

- 평균보수월액 × 재직연수 × 지급률(1.9%)로 계산됩니다.
- 최대 연금액은 평균보수월액의 50%를 초과할 수 없습니다.

4. 퇴직수당

- 1년 이상 재직한 교원에게 지급됩니다.
- 재직기간에 따라 차등 지급됩니다.

5. 연금 수급 개시 연령

- 60세이며, 단계적으로 65세까지 상향 조정될 예정입니다.

예시사례

- 최근, 30년 근속한 국공립 초등교사 A씨는 퇴직 시 월 평균 300만원의 퇴직연금을 받게 되었습니다.
- 최근, 사립학교에서 25년간 근무한 B교사는 퇴직 시 연금과 함께 약 1억 원의 퇴직수당을 받았습니다.
- 최근, 교직 경력 15년의 C교사는 개인연금 가입을 통해 노후 준비를 보완하기 시작했습니다.

관련 법령 안내

1. 공무원 연금법
2. 사립학교 교직원 연금법
3. 국가공무원법 제74조 정년
4. 교육공무원법 제47조 정년

실무 팁!

📄 연금 납입 내역과 예상 수령액을 정기적으로 확인하세요.

📄 개인연금 등 추가적인 노후 대비 방안을 고려하세요.

📑 퇴직 전 연금 수령 방식(일시금 vs 연금)에 대해 신중히 결정하세요.

📑 재직 중 연금 제도 변경 사항을 주시하고 대비하세요.

초등교사를 위한 조언

선생님들, 연금은 우리의 노후를 보장하는 중요한 제도입니다. 재직 중에도 연금에 대해 관심을 가지고 준비하는 것이 중요합니다. 또한, 연금 외에도 개인적인 노후 준비를 병행하는 것이 안정적인 미래를 위해 필요합니다. **연금 제도는 변경될 수 있으니, 관련 정보를 지속적으로 확인하고 대비하세요.**

📑 4.7

교원 복지제도와
후생 시설 이용법

Ⓠ 초등교사를 위한 복지제도와 후생 시설에는 어떤 것들이 있으며, 어떻게 이용할 수 있나요?

Ⓐ 초등교사를 위한 복지제도와 후생 시설은 다음과 같습니다

1. 맞춤형 복지제도
- 개인별 복지점수를 배정하여 자율적으로 선택하여 사용할 수 있습니다.
- 의료비, 건강관리, 자기계발 등에 활용 가능합니다.

2. 교직원 숙박시설
- 전국 각지에 위치한 교직원 휴양시설을 이용할 수 있습니다.
- 할인된 가격으로 이용 가능하며, 방학 기간 예약이 필요합니다.

3. 교육문화시설 이용
- 국립중앙박물관, 미술관 등 문화시설 무료 또는 할인 입장이 가능합니다.

4. 건강검진
- 정기적인 무료 건강검진 서비스가 제공됩니다.

5. 교직원 공제회

- 저금리 대출, 보험 서비스 등을 이용할 수 있습니다.

예시사례

- 최근, A초등학교 교사는 맞춤형 복지제도를 활용하여 어학연수 비용을 지원받아 영어 실력을 향상시켰습니다.
- 최근, B교육청은 관내 교직원을 위한 심리상담 서비스를 도입하여 교사들의 정신건강 증진에 기여했습니다.

관련 법령 안내

1. 교원의 지위 향상 및 교육활동 보호를 위한 특별법
2. 공무원 후생복지에 관한 규정

실무 팁!

📄 맞춤형 복지제도 사용 계획을 연초에 세워 효율적으로 활용하세요.

📄 교직원 숙박시설은 인기가 많으므로 조기에 예약하는 것이 좋습니다.

📄 교직원 공제회 서비스를 적극 활용하여 재정 관리에 도움을 받으세요.

초등교사를 위한 조언

선생님들, 우리를 위한 다양한 복지제도와 시설이 마련되어 있습니다. 이를 적극적으로 활용하여 업무 스트레스를 해소하고 삶의 질을 높이세요. 건강한 교사가 있어야 좋은 교육이 가능합니다. **자신을 위한 투자를 아끼지 마세요.**

📑 4.8

겸임 및
보직 수당

ⓠ 초등교사의 겸임 및 보직 수당은 어떻게 지급되며, 어떤 종류가 있나요?

Ⓐ 초등교사의 겸임 및 보직 수당은 교사가 맡은 추가적인 직무나 책임에 대한
보상으로 지급됩니다. 주요 내용은 다음과 같습니다

1. 보직교사 수당
- 학년부장, 교무부장 등 보직을 맡은 교사에게 지급됩니다.
- 최근, 월 15만원으로 인상되었습니다.

2. 겸임 수당
- 본래 직무 외에 다른 직무를 겸하는 경우 지급됩니다.
- 겸임하는 직무의 성격과 업무량에 따라 지급 금액이 달라집니다.

3. 겸임교장 수당
- 병설유치원 원장을 겸임하는 초등학교 교장에게 지급됩니다.
- 월 10만원이 지급됩니다.

4. 겸임교감 수당
- 병설유치원 원감을 겸임하는 초등학교 교감에게 지급됩니다.
- 월 5만원이 지급됩니다.

- 최근, A초등학교에서는 교무부장을 맡은 교사에게 월 15만 원의 보직 수당을 지급하게 되었습니다.
- 최근, B초등학교 교장이 병설유치원 원장을 겸임하게 되어 월 10만원의 겸임 수당을 추가로 받게 되었습니다.

관련 법령 안내

1. 공공무원보수규정 제32조 겸임수당
2. 공무원수당 등에 관한 규정
3. 교원의 지위 향상 및 교육활동 보호를 위한 특별법 시행령 제3조 교원 보수의 우대

실무 팁!

📄 겸임이나 보직을 맡을 때는 해당 업무에 대한 수당 지급 여부를 반드시 확인하세요.

📄 수당 지급 기준이 변경될 수 있으므로, 매년 관련 규정을 확인하는 것이 좋습니다.

📄 겸임 업무를 맡을 때는 본래 업무에 지장이 없는지 신중히 고려하세요.

초등교사를 위한 조언

선생님들, 겸임이나 보직은 추가적인 책임과 함께 전문성을 키울 수 있는 기회이기도 합니다. 수당도 중요하지만, 이를 통해 얻을 수 있는 경험과 역량 강화에도 주목해 주세요. **다만, 과도한 업무 부담으로 본연의 교육활동에 지장이 생기지 않도록 균형을 잘 유지하는 것이 중요합니다.**

📋 4.9
특수업무
수당

Ⓠ 초등교사가 받을 수 있는 특수업무 수당에는 어떤 것들이 있으며, 기준 지급 금액은 얼마인가요?

Ⓐ 초등교사의 특수업무 수당은 교사가 수행하는 추가적인 업무나 책임에 대한 보상으로 지급됩니다. 최근, 주요 특수업무 수당은 다음과 같습니다

1. 담임수당
- 학급 담임을 맡은 교사에게 지급됩니다.
- 최근, 월 20만원으로 인상되었습니다.

2. 보직교사 수당
- 학년부장, 교무부장 등 보직을 맡은 교사에게 지급됩니다.
- 최근, 월 15만원으로 인상되었습니다.

3. 특수교육업무 수당
- 특수학급을 담당하는 교사에게 지급됩니다.
- 최근, 월 12만원으로 인상되었습니다.

4. 시간외근무수당

- 정규 근무시간 외 근무에 대해 지급됩니다.
- 시간당 통상임금의 1.5배로 계산됩니다.

5. 교직수당

- 모든 교사에게 월 25만원이 지급됩니다.

예시 사례

- 최근, A초등학교에서는 3학년 담임을 맡은 교사가 담임수당 20만원과 교직수당 25만원을 합쳐 월 45만원의 추가 수당을 받게 되었습니다.
- 최근, B초등학교의 교무부장은 보직교사 수당 15만원과 담임수당 20만원을 합쳐 월 35만원의 추가 수당을 받게 되었습니다.
- 최근, C초등학교의 특수학급 담당 교사는 특수교육업무 수당 12만원과 담임수당 20만원을 합쳐 월 32만원의 추가 수당을 받게 되었습니다.

관련 법령 안내

1. 공무원수당 등에 관한 규정 제14조 특수업무수당
2. 공무원수당 등에 관한 규정 제15조 시간외근무수당
3. 공무원수당 등에 관한 규정 [별표 11]

실무 팁!

🗎 특수업무 수당 지급 기준을 정확히 파악하고, 해당되는 업무를 수행할 때 수당 신청을 잊지 마세요.

📑 시간외근무 시 반드시 사전 승인을 받고 기록을 남겨 수당을 청구하세요.

📑 겸임 업무를 맡을 때는 수당 지급 여부와 금액을 사전에 확인하세요.

초등교사를 위한 조언

선생님들, 특수업무 수당은 여러분의 추가적인 노력에 대한 정당한 보상입니다. 최근, 담임수당과 보직교사 수당이 큰 폭으로 인상되었으니, 이를 잘 활용하세요. 하지만 수당만을 위해 업무를 하는 것이 아니라, 학생들을 위한 열정으로 교육에 임하는 것이 더욱 중요합니다. **수당 제도를 잘 이해하고 활용하되, 교육의 본질을 잊지 말아주세요.**

📑 4.10

연구비와
자격 가산금

Q 초등교사가 받을 수 있는 연구비와 자격 가산금은 어떤 것들이 있으며, 어떻게 지급되나요?

A 초등교사의 연구비와 자격 가산금은 교사의 전문성 향상과 자기계발을 장려하기 위해 지급되는 수당입니다. 주요 내용은 다음과 같습니다

1. 연구비(교사연구비)

- 교육공무원의 연구 활동을 지원하기 위해 지급됩니다.
- 월 10만원이 지급됩니다.
- 정규 교원(교육공무원)에게 별도의 신청 절차 없이 자동으로 지급됩니다.

2. 자격 가산금

- 1급 정교사 자격증 소지자에게 지급됩니다.
- 월 5만원이 지급됩니다.
- 자격 취득 시점부터 적용되며, 학교 인사 담당자에게 자격 취득 사실을 보고해야 합니다.

3. 학위 가산금

- 석사학위 소지자에게는 월 3만원에서 5만원, 박사학위 소지자에게는 월 5만원에서 10만원이 지급됩니다.
- 구체적인 금액은 교육청별로 차이가 있을 수 있습니다.
- 학위 취득 후 학위증명서를 제출하여 지급받을 수 있습니다.

예시사례

- 최근, A초등학교의 B교사는 1급 정교사 자격을 취득하여 월 5만원의 자격 가산금을 추가로 받게 되었습니다.
- 최근, C초등학교에서는 교사들의 연구 활동을 장려하기 위해 교내 연구대회를 개최하고, 우수 연구 결과물에 대해 추가 연구비를 지원했습니다.
- 최근, D교육청은 석사학위 소지자에게 월 5만원, 박사학위 소지자에게 월 7만원의 학위 가산금을 지급하는 것으로 규정을 개정했습니다.

관련 법령 안내

1. 공무원수당 등에 관한 규정
2. 공무원수당 등에 관한 규정 [별표 11]

실무 팁!

📄 자격 취득이나 학위 취득 시 즉시 인사 담당자에게 알려 가산금을 받을 수 있도록 하세요.

📄 연구비 지급 기준을 확인하고, 적극적으로 연구 활동에 참여하세요.

📄 직무연수 이수 시간을 꾸준히 관리하여 승진이나 평가에 활용하세요.

📄 소속 교육청의 최신 보수 규정을 주기적으로 확인하세요.

초등교사를 위한 조언

선생님들, 연구비와 자격 가산금은 우리의 전문성 향상을 위한 좋은 기회입니다. 이를 단순한 수당으로 여기지 말고, 지속적인 자기계발의 동기로 삼으세요. 연구 활동과 자격 취득은 결국 우리 학생들에게 더 나은 교육을 제공하는 밑거름이 됩니다. **또한, 각종 수당과 가산금에 대한 최신 정보를 항상 확인하고, 필요한 경우 적극적으로 요구하는 것도 잊지 마세요.**

교사가 행복해야
학생도 행복해집니다.

5장

휴가 및
휴직 제도

연가

Ⓠ 초등교사의 연가는 어떻게 구성되어 있으며, 사용 기준과 절차는 무엇인가요?

Ⓐ 초등교사의 연가는 법적으로 보장된 권리로, 국가공무원 복무규정과 교원 휴가에 관한 예규에 따라 다음과 같은 기준으로 운영됩니다

1. 연가의 정의
- 연가는 근속 기간에 따라 부여되는 유급 휴가로, 교사가 개인적인 사유로 휴식을 취할 수 있는 권리입니다.

2. 연가 일수
- 초등교사는 근속기간에 따라 연간 21일에서 최대 26일까지 연가를 사용할 수 있습니다.
- 일반적으로 1년 미만의 교사는 21일, 1년 이상 3년 미만은 22일, 3년 이상 5년 미만은 23일, 5년 이상 10년 미만은 24일, 10년 이상은 25일 이상 부여됩니다.

3. 연가 사용 기준
- 연가는 학기 중 사용이 제한적이며, 주로 방학 기간이나 공휴일과 연결하여 사용하는 것이 일반적입니다.

- 연가 사용 시 사전에 학교장의 승인을 받아야 하며, 긴급한 경우에는 사후 보고를 통해 사용할 수 있습니다.

4. 연가 신청 절차

- 연가는 사전에 신청서를 작성하여 학교장에게 제출해야 하며, 승인 후 사용이 가능합니다.
- 특별한 사유(예 질병, 가족 사정 등)로 인해 긴급히 사용할 경우에는 즉시 보고 후 사용 가능합니다.

예시사례

- 최근, 한 초등학교 교사는 개인적인 사유로 여름 방학 동안 연가를 신청하여 가족과 함께 시간을 보냈습니다. 이 교사는 미리 계획을 세워 학교장에게 승인을 받았습니다.
- 최근, 코로나19 상황에서 한 교사는 백신 접종을 위해 연가를 사용하였고, 학교는 이를 지원하기 위해 유연한 근무 일정을 제공했습니다.

관련 법령 안내

1. 국가공무원 복무규정 제15조 연가 일수
2. 교원휴가에 관한 예규 제5조 연가
3. 교원의 지위 향상 및 교육활동 보호를 위한 특별법 제23조 특별휴가

실무 팁!

📄 연가 사용 계획을 미리 세워 학사 일정을 고려하세요.

📑 병가와의 차이를 명확히 이해하고 필요 시 진단서 등 증빙 서류를 제출하세요.

📑 특별휴가는 사유 발생 즉시 신청하고 필요한 서류를 준비하세요.

초등교사를 위한 조언

선생님들, 연가는 우리의 권리이자 재충전의 기회입니다. 학생들을 위한 열정적인 교육활동도 중요하지만, 자신의 건강과 삶의 질을 위해 적절히 휴가를 사용하는 것도 필요합니다. **휴가 제도를 잘 이해하고 계획적으로 사용하여 업무와 삶의 균형을 유지하세요.**

📋 5.2

병가

ⓠ **초등교사의 병가는 어떻게 운영되며, 사용 기준과 절차는 무엇인가요?**

Ⓐ **초등교사의 병가는 근무 중 질병이나 부상으로 인해 휴식을 필요로 할 때 사용하는 유급 휴가입니다. 병가는 다음과 같은 기준으로 운영됩니다**

1. 병가의 정의

- 교사가 질병이나 부상으로 인해 업무를 수행할 수 없을 때 사용하는 휴가입니다.

2. 병가 일수

- 연 60일 이내의 병가를 사용할 수 있으며, 공무상 질병인 경우 최대 180일까지 연장 가능합니다.
- 병가는 사용하지 않은 경우, 연가보상비와는 별도로 처리됩니다.

3. 병가 사용 기준

- 병가는 의사의 진단서나 소견서를 제출해야 하며, 사전에 학교장에게 통보해야 합니다.
- 긴급한 경우에는 사후에 보고하여도 됩니다.

4. 병가 신청 절차

- 병가를 사용하고자 할 경우, 학교에 병가 신청서를 제출하고 의사의 진단서를 첨부해야 합니다.
- 학교장은 제출된 서류를 검토 후 병가를 승인합니다.

5. 병가 중 보수

- 병가 기간 동안 기본급은 지급되며, 추가적인 수당은 지급되지 않습니다.

예시사례

- 최근, 한 초등학교 교사가 독감으로 인한 치료를 위해 5일간의 병가를 신청하였고, 의사의 진단서를 제출하여 승인받았습니다.
- 최근, 한 교사는 교통사고로 인한 부상으로 3개월간의 병가를 사용하였으며, 공무상 질병으로 인정받아 추가적인 보상을 받았습니다.

관련 법령 안내

1. 국가공무원 복무규정 제18조 병가
2. 교원휴가에 관한 예규 제5조 병가
3. 국가공무원 복무·징계 관련 예규

실무 팁!

📄 병가는 사용하기 전에 반드시 의사 진단서를 준비하여 제출하세요.

📑 긴급 상황 발생 시 즉시 관리자에게 연락하고, 사후에 필요한 서류를 제출하세요.

📑 병가 중에도 자신의 건강 관리에 주의를 기울이고, 회복 후 원활한 복귀를 위해 필요한 준비를 하세요.

초등교사를 위한 조언

선생님들, 병가는 여러분의 건강을 보호하는 중요한 권리입니다. 아프거나 다쳤을 때는 주저하지 말고 필요한 휴식을 취하세요. 건강이 회복되면 학생들에게 더 나은 교육을 제공할 수 있습니다. 자신의 건강을 소중히 여기고, 필요할 때에는 적극적으로 병가를 활용하세요.

📑 5.3
공가

Ⓠ **초등교사의 공가는 어떤 경우에 주어지며, 그 절차와 기준은 어떻게 되나요?**

Ⓐ **초등교사의 공가는 특정한 사유로 인해 근무를 하지 못할 때 부여되는 유급 휴가입니다. 공가는 다음과 같은 경우에 해당합니다**

1. 공가의 정의
- 공가는 공무 수행과 관련하여 필요한 경우에 부여되는 휴가로, 예비군 훈련, 공무원 시험 응시, 기타 공적인 사유로 인한 결근 시 사용됩니다.

2. 공가 사용 기준
- 공가는 법적으로 정해진 사유에 해당해야 하며, 사전에 학교장에게 신청해야 합니다.
- 예비군 훈련이나 공무원 시험 응시 등의 경우에는 해당 기관에서 발급한 증명서를 제출해야 합니다.

3. 공가 신청 절차
- 공가를 사용하고자 할 경우, 학교에 공가 신청서를 제출하고 필요한 증빙 서류(예비군 훈련 통지서 등)를 첨부해야 합니다.

- 학교장은 제출된 서류를 검토 후 공가를 승인합니다.

4. 공가 중 보수

- 공가 기간 동안 기본급은 지급되며, 추가적인 수당은 지급되지 않습니다.

5. 기타 사항

- 공가는 사용하지 않은 경우 연가보상비와는 별도로 처리됩니다.
- 교사는 공가 사용 후 반드시 보고서를 제출하여야 하며, 이를 통해 결근 사유를 명확히 해야 합니다.

예시 사례

- 최근, 한 초등학교 교사가 예비군 훈련을 위해 5일간의 공가를 신청하였고, 관련 증명서를 제출하여 승인받았습니다.
- 최근, 다른 교사는 공무원 채용시험 응시를 위해 3일간의 공가를 사용하였고, 학교 측은 이를 적절히 승인하여 지원했습니다.

관련 법령 안내

1. 국가공무원 복무규정 제19조 공가
2. 교원휴가에 관한 예규 제7조 공가

실무 팁!

📄 공가 사용 계획을 미리 세워 필요한 서류를 준비하세요.

📄 예비군 훈련 통지서나 시험 응시 확인서를 사전에 확보하여 제출하세요.

📄 공가 사용 후에는 반드시 학교에 보고하여 기록을 남기세요.

선생님들, 공가는 여러분의 권리이자 재충전의 기회입니다. 필요한 경우 주저하지 말고 적절히 활용하세요. 특히 예비군 훈련이나 중요한 시험이 있을 때는 미리 준비하여 원활하게 진행되도록 하세요. **건강한 교사가 있어야 더 나은 교육이 이루어질 수 있습니다.**

📑 5.4

특별휴가

◎ **초등교사의 특별휴가는 어떤 경우에 주어지며, 그 절차와 기준은 어떻게 되나요?**

Ⓐ **초등교사의 특별휴가는 특정한 사유에 따라 부여되는 유급 휴가로, 다음과 같은 경우에 해당합니다**

1. 결혼휴가

- 교사가 결혼하는 경우, 일반적으로 5일의 결혼휴가가 지급됩니다.
- 결혼휴가는 결혼식 전후로 사용할 수 있으며, 사전에 학교장에게 신청해야 합니다.

2. 출산휴가

- 출산을 하는 여성 교사는 출산 전후로 총 90일의 출산휴가를 받을 수 있습니다.
- 다태아 출산 시에는 120일의 출산휴가가 제공됩니다.
- 출산휴가는 법적으로 보장된 권리이며, 사전에 신청하고 필요한 서류(출생신고서 등)를 제출해야 합니다.

3. 사망휴가

- 가까운 친척(부모, 배우자, 자녀 등)의 사망 시 5일의 사망휴가가 지급됩니다.

4. 기타 특별휴가

- 학업이나 연구 등의 이유로 필요할 경우, 학교장의 허가를 받아 특별휴가를 신청할 수 있습니다.
- 이 경우 휴가 기간과 조건은 학교의 규정에 따라 다를 수 있습니다.

예시사례

- 최근, A초등학교 교사는 결혼을 이유로 5일의 결혼휴가를 신청하여 사용하였고, 이를 통해 결혼 준비와 가족과의 시간을 가질 수 있었습니다.
- 최근, 한 교사가 출산 후 90일의 출산휴가를 사용하면서 법적으로 보장된 권리를 적극적으로 행사한 사례입니다.
- 최근, 한 교사가 부모님의 장례식으로 인해 사망휴가를 신청하였고, 학교는 이를 신속하게 승인하여 교사가 필요한 시간을 가질 수 있도록 지원했습니다.

관련 법령 안내

1. 국가공무원 복무규정 제20조 특별휴가
2. 교원휴가에 관한 예규 제8조 특별휴가
3. 사립학교법 제55조 복무

실무 팁!

📄 특별휴가는 사유 발생 즉시 신청하고 필요한 서류를 준비하세요.

📄 결혼이나 출산 등의 특별한 사유는 미리 계획하여 휴가를 효율적으로 사용하세요.

📄 반드시 담당자(행정실, 교감·교장)에게 문의하세요.

초등교사를 위한 조언

선생님들, 특별휴가는 우리의 권리이자 재충전의 기회입니다. 개인적인 중요한 사건이 있을 때 적절히 휴식을 취하고 필요한 시간을 가지는 것이 중요합니다. 이러한 휴가는 우리의 정신적 건강을 유지하고 교육 활동에 더 집중할 수 있게 도와줍니다. **항상 자신의 권리를 이해하고 적극적으로 활용하세요.**

📑 5.5

육아휴직

ⓠ 초등교사의 육아휴직은 어떻게 운영되며, 사용 기준과 절차는 무엇인가요?

Ⓐ 초등교사의 육아휴직은 국가공무원으로서 교육공무원법과 국가공무원법에 따라 다음과 같이 운영됩니다

1. 육아휴직의 정의

- 만 8세 이하 또는 초등학교 2학년 이하의 자녀(입양한 자녀 포함) 를 양육하기 위해 사용할 수 있는 휴직입니다.

2. 육아휴직 기간

- 자녀 1명당 3년 이내로 사용할 수 있습니다.
- 필요에 따라 분할 사용이 가능합니다.

3. 신청 절차

- 휴직 개시 예정일 30일 전까지 소속 기관장에게 육아휴직을 신청해야 합니다.
- 출산휴가 후 연속하여 사용할 수 있습니다.

4. 보수 지급

- 육아휴직 기간 동안 기본급의 일부를 지급받습니다.

- 첫 3개월간 월 봉급액의 80%, 나머지 기간은 월 봉급액의 40%를 지급받습니다.

5. 복직 및 신분 보장
- 육아휴직 종료 후 동일한 직위에 복귀할 수 있습니다.
- 육아휴직 기간은 근속기간에 포함됩니다.

┌─ **예시사례** ─────────────

- 최근, A초등학교의 B교사는 출산 후 1년간의 육아휴직을 신청하여 승인받았습니다. 복직 후 동일한 직위로 복귀하여 근무를 계속하고 있습니다.
- 최근, C초등학교의 D교사는 첫 아이 출산 후 1년간 육아휴직을 사용하고, 복직 후 2년 뒤 둘째 아이 출산으로 다시 1년간 육아휴직을 사용했습니다. 이처럼 육아휴직은 자녀별로 사용 가능합니다.

관련 법령 안내

1. 국가공무원법 제71조 휴직
2. 교육공무원법 제44조 휴직
3. 공무원수당 등에 관한 규정 제11조의3 육아휴직수당
4. 남녀고용평등과 일·가정 양립 지원에 관한 법률 제19조 육아휴직

실무 팁!

📄 육아휴직 신청 시 필요한 서류를 사전에 준비하고 학교 관리자와 충분히 논의하세요.

📄 휴직 기간 동안 자녀 양육에 집중할 수 있도록 계획을 세우세요.

📄 복직 후 업무 재조정을 요청할 수 있으니 사전에 준비하세요.

📄 육아휴직 사용이 승진이나 평가에 불이익을 받지 않도록 관련 규정을 숙지하세요.

초등교사를 위한 조언

선생님들, 육아휴직은 여러분의 권리이자 자녀와의 소중한 시간을 가질 수 있는 기회입니다. 필요한 경우 주저하지 말고 적극적으로 신청하세요. 건강하고 안정된 환경이 더 나은 교육으로 이어집니다. 또한, 복귀 후에는 변화된 환경에 잘 적응할 수 있도록 준비하는 것도 중요합니다. **육아와 교직 생활의 균형을 잘 잡아 보람찬 교사 생활을 이어가시기 바랍니다.**

📋 5.6
질병휴직

⊙ **초등교사의 질병휴직은 어떤 경우에 신청할 수 있으며, 그 절차와 기간, 보수 지급 등은 어떻게 되나요?**

🅐 **초등교사의 질병휴직은 국가공무원으로서 다음과 같은 규정에 따라 운영됩니다.**

1. 신청 사유
- 신체상 또는 정신상의 장애로 장기요양이 필요할 때
- 업무상 질병 또는 부상으로 요양이 필요할 때

2. 휴직 기간
- 일반 질병 1년 이내 (부득이한 경우 1년 연장 가능)
- 업무상 질병 3년 이내

3. 신청 절차
- 의사의 진단서를 첨부하여 학교장에게 신청
- 학교장은 교육청에 제출하여 승인을 받음

4. 보수 지급
- 일반 질병 첫 1년은 봉급의 70%, 이후 1년은 50% 지급

- 업무상 질병 전 기간 봉급의 100% 지급

5. 복직

- 휴직 사유가 소멸되면 30일 이내에 복직 신청
- 건강 상태를 확인할 수 있는 진단서 제출 필요

6. 휴직의 효력

- 휴직 기간은 근속기간에 산입됨
- 승진 소요 최저연수에는 산입되지 않음 (단, 업무상 질병은 산입)

예시사례

- 최근, A초등학교 교사 B씨는 암 진단을 받고 1년간의 질병 휴직을 신청했습니다. 휴직 기간 동안 봉급의 70%를 받으며 치료에 전념할 수 있었고, 완치 후 복직하여 교단에 복귀했습니다.
- 최근, E초등학교 교사 F씨는 우울증 진단을 받고 6개월간 질병휴직을 사용했습니다. 휴직 기간 동안 심리 상담과 약물 치료를 받았습니다.

관련 법령 안내

1. 국가공무원법 제71조 휴직
2. 교육공무원법 제44조 휴직
3. 공무원보수규정 제28조 휴직기간 중의 봉급 감액
4. 공무원연금법 제25조 재직기간의 계산

실무 팁!

📄 질병휴직 신청 시 정확한 진단과 예상 치료 기간이 명시된 진단서를 준비하세요.

📄 휴직 중에도 정기적으로 학교와 연락을 유지하고 건강 상태를 보고하세요.

📄 복직 전 충분한 회복 여부를 확인하고, 필요시 단계적 복귀를 고려하세요.

초등교사를 위한 조언

선생님들, 건강은 우리의 가장 중요한 자산입니다. 질병으로 인해 휴직이 필요한 경우, 주저하지 말고 신청하세요. 국가공무원으로서 보장된 권리를 활용하여 충분히 치료받고 회복한 후 건강한 모습으로 학생들 곁으로 돌아오시기 바랍니다.

📑 5.7
유학휴직

ⓠ 초등교사의 유학휴직은 어떤 경우에 신청할 수 있으며, 그 절차와 기간, 보수 지급 등은 어떻게 되나요?

Ⓐ 초등교사의 유학휴직은 국가공무원으로서 다음과 같은 규정에 따라 운영됩니다.

1. 신청 사유
- 학위 취득을 목적으로 해외 유학을 하는 경우
- 외국에서 1년 이상 연구 또는 연수하게 된 경우

2. 휴직 기간
- 학위 취득 목적 3년 이내 (필요한 경우 2년 범위에서 연장 가능)
- 연구 또는 연수 2년 이내

3. 신청 절차
- 유학 또는 연구/연수 계획서를 첨부하여 학교장에게 신청
- 학교장은 교육청에 제출하여 승인을 받음

4. 보수 지급
- 유학휴직 기간 동안 보수는 지급되지 않음

- 다만, 일부 교육청에서는 유학 지원 프로그램을 통해 일정 금액을 지원하는 경우도 있음

5. 복직

- 휴직 사유가 소멸되면 30일 이내에 복직 신청
- 학위 취득 또는 연구/연수 완료 증명서 제출 필요

예시사례

- 최근, A초등학교 교사 B씨는 미국 대학원에서 교육학 박사 과정을 위해 3년간의 유학휴직을 신청했습니다. 학위 취득 후 복직하여 새로운 교육 방법론을 학교에 도입했습니다.
- 최근, C초등학교 교사 D씨는 핀란드 교육 시스템 연구를 위해 1년간의 유학휴직을 사용했습니다. 연구 결과를 바탕으로 학교의 교육 과정 개선에 기여했습니다.

관련 법령 안내

1. 국가공무원법 제71조 휴직
2. 교육공무원법 제44조 휴직
3. 교육공무원 인사관리규정 제24조 휴직의 결정

실무 팁!

📄 유학휴직 신청 전 학교와 교육청의 승인 가능성을 사전에 확인하세요.

📄 유학 계획이 교육 현장에 어떤 도움이 될 수 있는지 구체적으로 제시하세요.

📄 휴직 기간 동안의 경제적 계획을 철저히 세우세요.

📄 복직 후 습득한 지식을 학교에서 어떻게 활용할 것인지 계획을 세우세요.

선생님들, 유학휴직은 개인의 성장뿐만 아니라 학교와 학생들에게도 새로운 가치를 가져다줄 수 있는 기회입니다. 해외에서의 학습과 연구 경험은 여러분의 교육 철학과 방법론을 풍부하게 할 것입니다. 다만, 장기간 휴직에 따른 경력 공백과 경제적 부담을 고려하여 신중히 결정하세요. **복귀 후에는 습득한 지식과 경험을 적극적으로 공유하여 우리 교육 현장을 더욱 발전시키는 데 기여해주시기 바랍니다.**

📋 5.8
가족돌봄휴직

Ⓠ 초등교사의 가족돌봄휴직은 어떻게 운영되며, 사용 기준과 절차는 무엇인가요?

Ⓐ 초등교사의 가족돌봄휴직은 가족 구성원의 돌봄이 필요한 경우 사용할 수 있는 제도로, 다음과 같은 특징이 있습니다.

1. 대상 및 사유
- 가족(부모, 배우자, 자녀 또는 배우자의 부모)이 질병, 사고, 노령으로 인해 돌봄이 필요한 경우
- 자녀 양육이 필요한 경우

2. 사용 기간
- 연간 최대 90일까지 사용 가능
- 30일 이상 사용 시 1회 분할 사용 가능

3. 신청 자격
- 계속 근로 기간이 6개월 이상인 교사

4. 신청 절차
- 휴직 개시 예정일 30일 전까지 신청서 제출

- 돌봄 대상 가족의 성명, 생년월일, 신청 사유 등 포함

5. 처우

- 무급 휴직이나, 근속기간에는 포함됨
- 승진, 퇴직금 산정, 연차휴가 가산 등에서 불이익 없음

예시사례

- 최근, A초등학교 교사 B씨는 뇌졸중으로 쓰러진 아버지를 간호하기 위해 3개월간 가족돌봄휴직을 사용했습니다. 복직 후 정상적으로 근무를 이어갔으며, 휴직 기간은 근속기간에 포함되어 처리되었습니다.
- 최근, C초등학교 교사 D씨는 갑작스러운 배우자의 교통사고로 인해 2개월간의 가족돌봄휴직을 신청했습니다. 학교는 긴급한 상황을 고려하여 신속히 휴직을 승인했고, 대체 교사를 배치하여 학생들의 학습에 차질이 없도록 조치했습니다. D교사는 휴직 기간 동안 배우자의 간호에 전념할 수 있었고, 복귀 후 동료 교사들의 도움으로 빠르게 업무에 적응할 수 있었습니다.

관련 법령 안내

1. 국가공무원법 제71조 휴직
2. 교육공무원법 제44조 휴직
3. 교육공무원 인사관리규정 제24조 휴직의 결정
4. 남녀고용평등과 일·가정 양립 지원에 관한 법률 제22조의2

📄 가족돌봄휴직 신청 시 돌봄 필요성을 증명할 수 있는 서류를 함께 제출하세요.

📄 학기 중 휴직 시 학생들의 학습 연속성을 위한 인수인계 계획을 세우세요.

📄 복직 시기를 고려하여 휴직 기간을 계획하세요.

초등교사를 위한 조언

선생님들, 가족돌봄휴직은 우리의 소중한 권리입니다. 가족의 위기 상황에서 이 제도를 적극 활용하세요. 다만, 학생들을 위해 가능한 한 방학 기간을 활용하는 것도 고려해보세요. **휴직 후 복귀 시에는 변화된 학교 환경에 빠르게 적응할 수 있도록 준비하는 것이 중요합니다.**

📑 5.9
청원휴직

Q 초등교사의 청원휴직 제도는 어떻게 운영되며, 주요 유형과 그 특징은 무엇인가요?

A 초등교사의 청원휴직은 교육공무원법에 따라 교사 본인의 의사에 따라 신청하여 사용할 수 있는 휴직 제도입니다. 주요 유형과 특징은 다음과 같습니다.

1. 육아휴직

- 만 8세 이하 또는 초등학교 2학년 이하의 자녀를 양육하기 위한 휴직
- 기간 자녀 1명당 3년 이내
- 첫 1년은 월 봉급의 80%, 나머지 기간은 40% 지급

2. 연수휴직

- 교육부장관이 지정하는 연구기관이나 교육기관 등에서 연수하기 위한 휴직
- 기간 3년 이내
- 보수 미지급

3. 가족돌봄휴직

- 가족(부모, 배우자, 자녀, 배우자의 부모)을 돌보기 위한 휴직
- 기간 1년 이내(재직기간 중 총 3년)
- 보수 미지급

4. 동반휴직

- 배우자의 국외 근무, 유학, 연구 등으로 동반하기 위한 휴직
- 기간 3년 이내(3년 연장 가능)
- 보수 미지급

5. 자기계발휴직

- 교육공무원의 자기계발을 위한 휴직
- 기간 1년 이내(재직기간 중 1회에 한함)
- 보수 미지급

예시사례

- 최근, A초등학교 교사 B씨는 1살 자녀의 육아를 위해 1년간의 육아휴직을 신청하여 승인받았습니다.
- 최근, C초등학교 교사 D씨는 해외 교육기관에서의 연수를 위해 1년간의 연수휴직을 신청했습니다.

관련 법령 안내

1. 국가공무원법 제71조 휴직
2. 교육공무원법 제44조 휴직
3. 교육공무원 인사관리규정 제24조 휴직의 결정

📄 청원휴직 신청 시 필요한 서류를 미리 준비하고, 학교 행정실과 상의하여 절차를 확인하세요.

📄 휴직 기간 동안의 경제적 계획을 세우고, 복직 시기를 고려하여 휴직을 신청하세요.

📄 육아휴직의 경우, 분할 사용이 가능하므로 자녀의 연령과 가정 상황을 고려하여 계획을 세우세요.

초등교사를 위한 조언

선생님들, 청원휴직은 개인의 삶과 교직 생활의 균형을 위한 소중한 기회입니다. 자신의 상황에 맞는 휴직 제도를 적극 활용하여 재충전의 시간을 가지세요.

📋 5.10

휴직 중
신분 및 복무 관리

Ⓠ 초등교사가 휴직 중일 때 신분과 복무는 어떻게 관리되며, 어떤 권리와 의무가 있나요?

Ⓐ 초등교사의 휴직 중 신분 및 복무 관리는 다음과 같이 이루어집니다.

1. 신분 유지

- 휴직 중에도 공무원 신분은 유지됩니다.
- 휴직 기간은 재직기간에 포함되나, 휴직 사유에 따라 승진이나 승급에 반영되는 정도가 다릅니다.

2. 보수 지급

- 휴직 사유에 따라 보수 지급 여부와 금액이 달라집니다.
- 예를 들어, 육아휴직의 경우 일정 기간 동안 일부 급여가 지급됩니다.

3. 복무 관리

- 휴직 목적에 맞는 활동을 해야 하며, 휴직 목적과 다른 활동 시 휴직 취소 사유가 될 수 있습니다.

- 영리업무 종사는 원칙적으로 금지됩니다.

4. 휴직 기간 중 의무

- 주소나 연락처 변경 시 학교에 즉시 보고해야 합니다.
- 휴직 사유가 소멸되면 즉시 복직 신청을 해야 합니다.

5. 복직

- 휴직 기간 만료 전이라도 휴직 사유가 소멸되면 30일 이내에 복직 신청을 해야 합니다.
- 특별한 사유가 없는 한 원직에 복직됩니다.

예시사례

- 최근, A초등학교 교사 B씨는 1년간의 육아휴직 중 개인 사업을 운영하다 적발되어 휴직이 취소되고 징계 처분을 받았습니다.
- 최근, C초등학교 교사 D씨는 해외 체류 중 연락 두절로 휴직 기간이 만료되었음에도 복직 신청을 하지 않아 직권 면직되었습니다.

관련 법령 안내

1. 국가공무원법 제73조 휴직의 효력
2. 교육공무원법 제44조 휴직
3. 공무원보수규정 제28조 휴직기간 중의 봉급 감액

실무 팁!

📄 휴직 신청 시 휴직 중 복무 관리 규정을 꼼꼼히 확인하세요.

📄 휴직 기간 중 주기적으로 학교와 연락을 유지하고, 상황 변화 시 즉시 보고하세요.

📄 복직 시기를 미리 계획하고, 필요한 서류를 준비하세요.

초등교사를 위한 조언

선생님들, 휴직은 재충전과 자기계발의 기회이지만, 동시에 공무원으로서의 책임도 따릅니다. 휴직 중에도 교육자로서의 품위를 유지하고, 복무 규정을 준수해주세요. **휴직 목적에 맞는 활동을 하며, 복직 후 더 나은 교육자로 성장할 수 있는 시간으로 활용하시기 바랍니다.**

교사가 행복해야
학생도 행복해집니다.

6장

인사 및
평가 제도

교원능력개발평가

Q 초등교사의 교원능력개발평가는 어떻게 이루어지며, 그 목적과 절차는 무엇인가요?

A 교원능력개발평가는 초등교사를 포함한 모든 초·중·고 교사의 전문성을 향상시키고 교육의 질을 높이기 위해 시행되는 제도입니다. 주요 내용은 다음과 같습니다.

1. 평가 목적
- 교원의 전문성 향상
- 교육의 질 제고
- 교원의 지속적인 능력 개발 지원

2. 평가 주기
- 매년 실시됩니다.

3. 평가 대상
- 모든 초·중·고 교사 (교장, 교감 포함)

4. 평가 방법
- 학생 만족도 조사

- 학부모 만족도 조사
- 동료교원 평가

5. 평가 영역

- 학습지도
- 생활지도
- 전문성 개발

6. 결과 활용

- 평가 결과는 교사 본인에게 통보됩니다.
- 필요시 이의신청이 가능합니다.
- 교사의 전문성 개발을 위한 연수 등에 활용됩니다.
- 평가 결과가 성과상여금이나 승진에 일부 반영될 수 있으나, 그 정도는 교육청이나 학교에 따라 다릅니다.

예시사례

최근, A초등학교에서는 교원능력개발평가 결과를 바탕으로 교사들의 수업 개선 연수 프로그램을 개발하여 운영했습니다. 이를 통해 교사들의 수업 전문성이 향상되었고, 학생과 학부모의 만족도도 높아졌습니다.

관련 법령 안내

1. 교원 등의 연수에 관한 규정
2. 교원능력개발평가 실시에 관한 훈령
3. 교원능력개발평가 운영 지침 (교육부 고시)

📑 평가 결과를 자기 개발의 기회로 삼으세요.

📑 학교의 평가 기준을 잘 알고 있으면 좋습니다.

📑 동료 교사들과 협력하여 서로의 전문성을 높이는 데 도움을 주고받으세요.

초등교사를 위한 조언

선생님들, 교원능력개발평가는 우리의 전문성을 높이고 더 나은 교육을 제공하기 위한 도구입니다. 평가 결과를 두려워하지 말고, 이를 통해 자신의 강점과 개선점을 파악하여 더 나은 교사로 성장하는 기회로 삼으세요. **평가는 매년 이루어지므로, 지속적인 자기 개발과 학생들과의 긍정적인 관계 형성이 중요합니다.**

교원
다면평가

Ⓠ 초등교사의 다면평가는 어떻게 이루어지며, 그 목적과 절차는 무엇인가요?

Ⓐ 초등교사의 다면평가는 교원의 전문성 향상과 교육의 질 제고를 위해 실시되며, 다음과 같은 특징이 있습니다.

1. 평가의 목적

- 교원의 전문성 신장
- 학교 교육의 질 향상
- 교원의 책무성 제고

2. 평가 영역

- 학습지도
- 생활지도
- 전문성 개발
- 학교 운영 기여도

3. 평가 방법

- 자기평가

- 동료교원평가
- 만족도 조사

4. 평가 절차
- 평가 계획 수립
- 평가 실시
- 결과 통보 및 이의신청

5. 결과 활용
- 교원의 전문성 개발을 위한 연수 등에 활용
- 인사 및 보수 관리의 참고 자료로 활용 가능

예시사례

- 최근, A초등학교에서는 교사들의 자기주도적 성장을 위해 다면평가 결과를 바탕으로 개인별 맞춤형 연수 프로그램을 개발하여 운영했습니다.
- 최근, B교육청은 다면평가 과정에서 발생할 수 있는 교사들 간의 갈등을 예방하기 위해 '평가 윤리 가이드라인'을 제작하여 배포했습니다.

관련 법령 안내

1. 공무원수당 등에 관한 규정 제7조의2 성과상여금 등
2. 교육공무원 승진규정 제28조 특별근무성적평정

실무 팁!

📄 다면평가의 목적을 정확히 이해하고, 평가를 자기 성장의 기회로 활용하세요.

📄 평가 영역별로 구체적인 목표를 설정하고 실천 계획을 세우세요.

📄 평가 결과에 대해 열린 마음으로 수용하고, 개선이 필요한 부분은 적극적으로 보완하세요.

초등교사를 위한 조언

선생님들, 다면평가는 우리의 교육 활동을 돌아보고 더 나은 교사로 성장할 수 있는 기회입니다. 평가 결과에 일희일비하기보다는 자신의 강점을 더욱 발전시키고 약점을 보완하는 데 활용하세요. **또한, 이 과정이 학생들에게 더 나은 교육을 제공하기 위한 것임을 항상 기억해주세요.**

📑 6.3
승진 제도

◎ **초등교사의 승진 제도는 어떻게 운영되며, 주요 기준과 절차는 무엇인가요?**

🅰 **초등교사의 승진 제도는 교육공무원 승진규정에 따라 다음과 같이 운영됩니다.**

1. 승진 대상 직위

- 교사에서 교감, 교감에서 교장으로의 승진이 가능합니다.
- 또한 교사에서 장학사, 장학사에서 장학관으로의 승진 경로도 있습니다.

2. 승진 요건

- 일정 기간의 교육경력이 필요합니다.
- 교감 승진을 위해서는 1급 정교사 자격증 소지가 필수입니다.
- 장학사 승진을 위해서는 교육경력과 함께 특정 연수 이수가 필요합니다.

3. 평정 요소

- 경력평정 교육 경력에 따른 점수
- 근무성적평정 학교장 등의 평가

- 연수성적평정 직무연수 이수 실적
- 가산점 도서·벽지 근무, 보직교사 경력 등

4. 승진 절차

- 승진 후보자 명부 작성
- 교육공무원 인사위원회 심의
- 임용권자의 최종 결정

--- 예시사례 ---

- 최근, A초등학교의 B교사는 20년간의 교육경력과 우수한 근무평정, 다수의 연수 이수 실적을 바탕으로 교감 승진에 성공했습니다. B교사는 특히 농어촌 지역 근무 경력으로 가산점을 받아 승진에 유리한 위치를 차지할 수 있었습니다.
- 최근, C교사는 15년의 교육경력과 함께 교육청 파견 근무 경험을 바탕으로 장학사로 승진했습니다. 이후 C장학사는 교육정책 수립과 학교 현장 지원 업무를 담당하게 되었습니다.

관련 법령 안내

1. 교육공무원 승진규정
2. 교육공무원법 제13조 승진
3. 교육공무원 인사관리규정

실무 팁!

- 승진에 관심이 있다면 초기부터 계획적인 경력 관리가 필요합니다.
- 다양한 직무연수에 적극 참여하여 연수성적을 관리하세요.

📄 보직교사나 도서 · 벽지 근무 등 가산점이 부여되는 경력을 쌓는 것도 고려해 보세요.

📄 근무성적평정에 영향을 미치는 업무 수행에 최선을 다하세요.

초등교사를 위한 조언

선생님들, 승진은 개인의 성장과 더 넓은 영향력을 행사할 수 있는 기회입니다. 하지만 승진만이 교사로서의 성공을 의미하는 것은 아닙니다. 현재의 위치에서 최선을 다하며 자신의 교육 철학을 실현하는 것도 중요합니다. 승진을 목표로 한다면 장기적인 계획을 세우고, 꾸준히 노력하세요. 또한, 교감이나 교장뿐만 아니라 장학사로의 경력 경로도 고려해보세요. **다양한 경험이 여러분의 교육 전문성을 더욱 높일 수 있습니다.**

📑 6.4

전보 제도

Ⓠ 초등교사의 전보 제도는 어떻게 운영되며, 그 목적과 절차는 무엇인가요?

Ⓐ 초등교사의 전보 제도는 교육의 질 향상과 교원의 생활 안정을 위해 운영되며, 다음과 같은 특징이 있습니다.

1. 전보의 정의

- 동일한 직위 및 자격으로 근무기관이나 부서를 달리하여 임용하는 것을 말합니다.

2. 전보의 목적

- 학교 교육력 제고
- 교원의 안정적 근무여건 제공
- 교원의 전문성 향상

3. 전보의 원칙

- 단기전보 금지 빈번한 전보로 인한 업무 능력 저하 방지
- 장기전보 실시 일정 기간(예 5년) 근속 후 정기적 전보 실시
- 생활 안정 고려 교원의 생활근거지, 가족 상황 등 고려
- 인사구역 설정 지리적 요건, 문화시설 등을 고려한 인사구역 설정

4. 전보 절차

- 전보 희망 신청
- 학교장 의견 수렴
- 교육청의 전보 심사 및 결정
- 전보 발령

5. 전보 기준

- 근무 경력
- 생활근거지
- 학교 특성(농어촌 학교, 도심 학교 등)
- 보직 교사 경력

예시사례

최근, A초등학교의 B교사는 5년간의 근무를 마치고 생활근거지와 가까운 C초등학교로 전보를 신청하여 승인받았습니다. 이를 통해 B교사는 출퇴근 시간을 줄이고 업무 효율성을 높일 수 있었습니다.

관련 법령 안내

1. 교육공무원 인사관리규정 제18조 전보계획
2. 교육공무원 인사관리규정 제20조 정기전보
3. 교육공무원 인사관리규정 제21조 비정기전보

실무 팁!

📄 전보 희망 시 미리 희망 학교의 특성과 여건을 파악하세요.

📄 전보 신청 시 개인의 특수한 상황(가족 돌봄 등)을 구체적으로 기술하세요.

📄 농어촌 학교 근무 경력은 향후 전보나 승진에 유리할 수 있으니 고려해보세요.

초등교사를 위한 조언

선생님들, 전보는 새로운 환경에서 성장할 수 있는 기회입니다. 개인의 상황과 학교의 필요를 균형 있게 고려하여 전보를 결정하세요. 또한, 전보 후 새로운 환경에 빠르게 적응하기 위해 동료 교사들과의 협력을 강화하고, 학교와 지역사회의 특성을 이해하려 노력하는 것이 중요합니다.

6.5

연수
평점 제도

Ⓠ 초등교사의 연수 평점 제도는 어떻게 운영되며, 그 목적과 활용 방안은 무엇인가요?

Ⓐ 초등교사의 연수 평점 제도는 교원의 전문성 향상과 자기계발을 장려하기 위해 운영되며, 다음과 같은 특징이 있습니다.

1. 연수 평점의 정의

- 교원이 이수한 각종 연수에 대해 부여되는 점수를 말합니다.

2. 연수 평점의 목적

- 교원의 지속적인 전문성 개발 촉진
- 승진 및 인사 관리의 객관적 기준 제공
- 교육의 질 향상

3. 연수의 종류와 평점

- 직무연수 60시간당 2점
- 자격연수 연수 성적에 따라 차등 부여
- 특별연수 연수 내용과 기간에 따라 차등 부여

4. 평점 취득 방법

- 교육청 주관 연수 참여
- 원격교육연수원 온라인 강좌 수강
- 교내 자율연수 참여
- 학회 및 세미나 참석

5. 평점의 활용

- 승진 심사 시 연수성적 평정에 반영
- 전보 및 보직 교사 임용 시 참고 자료로 활용
- 성과상여금 지급 시 고려 요소로 활용

예시사례

최근, A초등학교의 B교사는 1년 동안 다양한 직무연수에 참여하여 총 6점의 연수 평점을 취득했습니다. 이를 통해 B교사는 새로운 교수법을 습득하고 적용하여 수업의 질을 향상시켰으며, 향후 승진 심사에서도 유리한 위치를 차지할 수 있게 되었습니다.

관련 법령 안내

1. 교육공무원법 제37조 연수의 기회균등
2. 교원 등의 연수에 관한 규정

실무 팁!

📄 연간 연수 계획을 세워 체계적으로 평점을 관리하세요.

📄 관심 분야와 전문성 향상에 도움이 되는 연수를 선택적으로 이수하세요.

📄 온라인 연수와 오프라인 연수를 적절히 병행하여 시간을 효율적으로 활용하세요.

📄 연수 이수 후 학습한 내용을 실제 교육 현장에 적용해 보세요.

초등교사를 위한 조언

선생님들, 연수 평점 제도는 단순히 점수를 쌓기 위한 것이 아닙니다. 이는 여러분의 전문성을 높이고 더 나은 교육을 제공하기 위한 기회입니다. 관심 있는 분야의 연수를 적극적으로 찾아 참여하고, 배운 내용을 교실에서 실천해 보세요. **연수를 통해 얻은 새로운 지식과 기술은 여러분의 교육 활동을 더욱 풍성하게 만들 것입니다.**

1급 정교사
자격 취득

Q 초등교사의 1급 정교사 자격 취득 과정은 어떻게 이루어지며, 그 의미와 혜택은 무엇인가요?

A 초등교사의 1급 정교사 자격 취득은 교사의 전문성 향상을 위한 중요한 과정입니다. 주요 내용은 다음과 같습니다.

1. 취득 요건

- 2급 정교사 자격증을 소지하고 3년 이상의 교육경력을 가져야 합니다.
- 소정의 재교육을 받거나 교육대학원에서 석사학위를 취득해야 합니다.

2. 취득 방법

- 자격연수 교육청에서 실시하는 1급 정교사 자격연수(180시간 이상)를 이수해야 합니다.
- 교육대학원 교육대학원에서 석사학위를 취득하면 1급 정교사 자격을 얻을 수 있습니다.

3. 의미와 혜택

- 전문성 인정 1급 정교사 자격은 교사의 전문성을 공식적으로 인정받는 것을 의미합니다.
- 보수 혜택 자격 취득 시 월 5만원의 자격가산금이 지급됩니다.
- 승진 기회 교감, 교장 등으로의 승진을 위한 필수 요건입니다.

4. 유효기간

- 1급 정교사 자격증은 별도의 갱신 절차 없이 영구적으로 유효합니다.

예시사례

최근, A초등학교의 B교사는 3년간의 교직 경험을 바탕으로 1급 정교사 자격연수를 받았습니다. 연수 과정에서 최신 교육 트렌드와 교수법을 학습하여 교육 전문성을 한층 높일 수 있었습니다.

관련 법령 안내

1. 초·중등교육법 제21조 교원의 자격
2. 교원자격검정령 제3조 자격증의 수여

실무 팁!

📄 1급 정교사 자격연수 기회를 놓치지 않도록 교육청 공지를 주기적으로 확인하세요.

📄 자격 취득 후 관련 서류를 학교 행정실에 제출하여 자격가산금을 받으세요.

📄 교육대학원 진학을 고려한다면, 학위 취득과 1급 정교사 자격 취득을 동시에 할 수 있는 프로그램을 찾아보세요.

선생님들, 1급 정교사 자격 취득은 단순한 승급이 아닌 교육 전문가로 거듭나는 과정입니다. 이 과정을 통해 얻은 지식과 경험을 교실에서 적극 활용하여 학생들에게 더 나은 교육을 제공하세요. 또한, 이는 여러분의 교직 경력에서 중요한 이정표가 될 것입니다. 꾸준한 자기계발로 더욱 성장하는 교육자가 되시기를 바랍니다.

📋 6.7

교장
공모제

ⓠ 교장 공모제란 무엇이며, 어떤 절차로 운영되고 있나요?

Ⓐ 교장 공모제는 개별 학교에서 교장 후보자를 공개 모집하고, 심사를 거쳐 적격자를 임용하는 제도입니다. 이 제도의 주요 특징과 절차는 다음과 같습니다.

1. 목적
- 학교 교육의 질 향상
- 자율적인 학교 운영 도모
- 학교 특성에 맞는 교장 임용

2. 공모 유형
- 초빙형 교장 자격증 소지자만 지원 가능
- 내부형 교장 자격증 소지자 또는 15년 이상 교육 경력자 지원 가능
- 개방형 교장 자격증 소지자 또는 관련 분야 3년 이상 경력자 지원 가능

3. 임용 절차

- 공모 대상 학교 지정 및 공고
- 지원자 접수
- 학교 공모교장심사위원회 1차 심사 (3배수 추천)
- 교육청 공모교장심사위원회 2차 심사 (2배수 추천)
- 교육감의 임용 추천
- 교육부 장관 임용 제청
- 대통령 임명

4. 임기

- 4년 임기, 중임 가능

5. 평가

- 임용 후 학교 운영 성과와 구성원 만족도 등을 종합적으로 평가

예시사례

최근, A초등학교는 교장 공모제를 통해 혁신적인 교육 비전을 가진 B교사를 새 교장으로 임용했습니다. B교장은 학교의 특성을 반영한 창의적인 교육 프로그램을 도입하여 학생과 학부모의 만족도를 크게 향상시켰습니다.

관련 법령 안내

1. 교육공무원법 제29조의3 공모에 따른 교장 임용 등
2. 교육공무원임용령 제12조의5 공모 교장 등의 임용 · 평가 등

📄 공모 지원 시 학교의 특성과 요구사항을 충분히 파악하세요.

📄 구체적이고 실현 가능한 학교 경영 계획을 수립하세요.

📄 심사 과정에서 학교 구성원과의 소통 능력을 보여주는 것이 중요합니다.

초등교사를 위한 조언

교장 공모제는 학교 현장의 요구를 반영한 리더십을 발휘할 수 있는 기회입니다. 평교사 시절부터 다양한 학교 운영 경험을 쌓고, 교육에 대한 비전을 발전시켜 나가세요. **이러한 준비과정이 향후 교장 공모제에 도전할 때 큰 자산이 될 것입니다.**

교원
징계 제도

Ⓠ 초등교사의 징계 제도는 어떻게 운영되며, 주요 징계 사유와 절차는 무엇인가요?

Ⓐ 초등교사의 징계 제도는 교육공무원법과 국가공무원법에 근거하여 다음과 같이 운영됩니다.

1. 징계 사유

- 법령 위반
- 직무상 의무 위반 또는 직무태만
- 교원으로서의 품위 손상

2. 징계의 종류

- 파면 가장 중한 징계로, 공무원 신분 박탈
- 해임 공무원 신분은 박탈되나 파면보다 불이익이 적음
- 정직 1개월 이상 3개월 이하의 기간 동안 직무 정지
- 감봉 1개월 이상 3개월 이하의 기간 동안 보수 감액
- 견책 전과에 대한 훈계

3. 징계 절차

- 징계 의결 요구 임용권자가 징계위원회에 요구
- 징계위원회 심의 해당 교육청의 징계위원회에서 심의
- 징계 처분 징계위원회의 의결에 따라 임용권자가 처분

4. 소청 심사

- 징계 처분에 불복할 경우 교원소청심사위원회에 소청 제기 가능

5. 소청 심사 청구 기간

- 처분이 있음을 안 날로부터 30일 이내에 청구해야 합니다.

6. 소청 심사 절차

- 소청심사위원회에 소청심사청구서를 제출합니다.
- 위원회는 청구를 접수한 날로부터 60일 이내에 결정을 내려야 합니다.
- 필요한 경우 30일의 범위에서 기간을 연장할 수 있습니다.

예시사례

최근, A초등학교 교사가 학생 체벌로 인해 징계위원회에 회부되어 감봉 1개월의 처분을 받았습니다. 해당 교사는 소청심사를 통해 견책으로 감경받았습니다.

관련 법령 안내

1. 국가공무원법 제78조 징계 사유
2. 교육공무원법 제50조 징계위원회의 설치
3. 교육공무원 징계령

📄 징계 사유가 될 수 있는 행위를 명확히 인지하고 주의하세요.

📄 징계 절차가 시작되면 즉시 관련 증거와 소명 자료를 준비하세요.

📄 필요시 교원단체나 노동조합의 법률 지원을 받으세요.

초등교사를 위한 조언

선생님들, 징계는 교육자로서의 책임을 다하지 못했을 때 받게 되는 제재입니다. 하지만 때로는 오해나 실수로 인해 부당한 상황에 처할 수도 있습니다. **항상 교육자로서의 품위를 지키고, 문제 발생 시 적절한 대응과 소명을 할 수 있도록 준비해 두세요.**

📋 **6.9**

교원
표창 및 포상

Ⓠ 초등교사의 표창 및 포상 제도는 어떻게 운영되며, 어떤 종류가 있나요?

Ⓐ 초등교사의 표창 및 포상 제도는 교원의 사기를 진작하고 우수한 교육 활동을 장려하기 위해 운영됩니다. 주요 내용은 다음과 같습니다.

1. 표창의 종류
- 교육부장관 표창
- 시·도교육감 표창
- 학교장 표창

2. 포상의 기준
- 교육 활동의 우수성
- 학교 발전에 대한 공헌도
- 근무 연수 및 공적

3. 주요 포상 항목
- 우수교원 표창

- 장기근속 표창
- 퇴직 교원 포상

4. 포상 절차

- 학교장 추천
- 교육청 심사
- 최종 선정 및 표창

5. 포상의 혜택

- 승진 가산점 부여
- 성과급 지급 시 고려사항
- 해외 연수 기회 제공

> ─ **예시사례** ───────────
>
> 최근, A초등학교의 B교사는 혁신적인 교수법 개발로 교육부장관 표창을 받았습니다. 이를 통해 승진 심사 시 가산점을 받게 되었고, 해외 교육 연수 기회도 얻었습니다.

관련 법령 안내

1. 정부 표창 규정
2. 정부 포상 업무지침
3. 각 시·도교육청의 교육공무원 표창 조례

실무 팁!

📄 평소 교육활동 관련 기록을 꾸준히 남기세요.

📄 교내 연구회나 교육청 주관 연구 활동에 적극 참여하세요.

📄 학생 지도 성과나 학교 발전 기여도를 객관적으로 입증할 수 있는 자료를 준비하세요.

초등교사를 위한 조언

선생님들, 표창이나 포상은 우리 노력의 결과물이자 더 나은 교육을 위한 동기부여가 됩니다. 하지만 이것이 교육의 본질은 아닙니다. 학생들을 위한 진심 어린 교육에 집중하면서, 여러분의 노력과 성과가 인정받을 수 있도록 꾸준히 기록하고 발전해 나가세요.

📑 6.10

교원 전문성
신장 제도

Ⓠ 초등교사의 전문성 신장을 위한 제도에는 어떤 것들이 있으며, 어떻게 활용할 수 있나요?

Ⓐ 초등교사의 전문성 신장을 위한 제도는 다음과 같이 구성되어 있습니다.

1. 자격연수

- 1급 정교사 자격 취득을 위한 연수로, 2급 정교사 자격 취득후 3년 이상의 교육경력이 있는 교사가 대상입니다.
- 일반적으로 180시간 이상의 연수를 이수해야 합니다.

2. 직무연수

- 교과 지도, 생활지도, 정보화 능력 등 직무 수행에 필요한 능력배양을 위한 연수입니다.
- 온라인, 오프라인 등 다양한 형태로 제공됩니다.

3. 단기 집중 연수

- 방학 기간을 활용한 집중 연수 프로그램입니다.
- 특정 주제나 기술에 대해 심도 있게 학습할 수 있습니다.

4. 교사 학습공동체

- 교사들이 자발적으로 구성하여 운영하는 학습 모임입니다.
- 수업 연구, 교육과정 재구성 등 다양한 주제로 운영됩니다.

5. 교육대학원 진학

- 석사학위 취득을 통해 전문성을 높일 수 있습니다.
- 야간이나 계절제 과정을 통해 현직 교사도 학업 병행이 가능합니다.

예시사례

- 최근, A초등학교에서는 전체 교사의 80%가 교사 학습공동체에 참여하여 '학생 중심 수업 설계'를 주제로 연구를 진행했습니다. 이를 통해 학교 전체의 수업 질이 향상되었다는 평가를 받았습니다.
- 최근, B교육청은 'AI 활용 교육' 직무연수를 개설하여 많은 교사들이 최신 교육 트렌드를 학습할 수 있는 기회를 제공했습니다.

관련 법령 안내

1. 교육공무원법 제37조 연수의 기회균등
2. 교원 등의 연수에 관한 규정
3. 교원 연수 이수실적의 기록 및 관리 요령

실무 팁!

📄 매년 초 연간 자기계발 계획을 세우고, 그에 맞는 연수를 선택하여 이수하세요.

📄 교사 학습공동체 활동은 연수 시간으로 인정받을 수 있으니 적극 참여하세요.

📄 연수 이수 기록을 체계적으로 관리하여 승진이나 평가에 활용하세요.

초등교사를 위한 조언

선생님들, 교육 현장은 빠르게 변화하고 있습니다. 우리의 전문성 신장은 학생들에게 더 나은 교육을 제공하기 위한 필수 조건입니다. 다양한 연수 기회를 적극적으로 활용하여 지속적으로 성장하는 교사가 되어주세요. 여러분의 성장이 곧 학생들의 성장으로 이어집니다.

교사가 행복해야
학생도 행복해집니다.

7장

교원노동조합과
단체활동

📑 7.1
교원노동조합의
설립과 가입

ⓠ 초등교사는 노동조합을 설립하거나 가입할 수 있나요? 어떤 절차와 제한이
있나요?

Ⓐ 초등교사의 노동조합 설립 및 가입 권리는 법적으로 보장되지만, 국공립과
사립 교사 간에 차이가 있습니다.

1. 국공립 초등교사
- 교원의 노동조합 설립 및 가입이 법적으로 허용됩니다.
- 「교원의 노동조합 설립 및 운영 등에 관한 법률」에 따라 규제됩니다.
- 단, 교장, 교감 등 관리직 교원은 가입이 제한됩니다.

2. 사립 초등교사
- 일반 근로자와 동일하게 「노동조합 및 노동관계조정법」에 따라
노조 설립 및 가입이 가능합니다.
- 국공립 교원에 비해 상대적으로 폭넓은 노동기본권을 행사할
수 있습니다.

3. 설립 절차

- 노동조합 설립 신고서를 관할 행정관청에 제출해야 합니다.
- 규약, 임원 명부 등 필요 서류를 함께 제출해야 합니다.

4. 가입 절차

- 각 노동조합의 규약에 따라 가입 신청을 하고 승인을 받으면 됩니다.

5. 활동의 제한

- 수업 등 학생의 학습권을 침해하는 단체행동은 금지됩니다.
- 정치활동도 제한됩니다.

예시사례

최근, 대한초등교사협회는 교원의 노동기본권 강화를 위한 캠페인을 진행했습니다. 이를 통해 많은 초등교사들이 노동조합 가입의 중요성을 인식하게 되었고, 실제 가입률이 증가했습니다.

관련 법령 안내

1. 교원의 노동조합 설립 및 운영 등에 관한 법률
2. 교육기본법 제15조 교원단체
3. 노동조합 및 노동관계조정법

실무 팁!

- 노동조합 가입 전 해당 조합의 활동 내역과 목표를 꼼꼼히 확인하세요.
- 노조 활동으로 인해 학생들의 학습권이 침해되지 않도록 주의하세요.

📄 대한초등교사협회와 같은 교원단체의 활동도 함께 고려해보세요.

📑 7.2

교원노조의
활동 범위

Ⓠ **초등교사 노동조합의 활동 범위는 어디까지이며, 어떤 제한이 있나요?**

Ⓐ **초등교사 노동조합의 활동 범위는 법적으로 규정되어 있으며, 다음과 같은
특징이 있습니다.**

1. 단체교섭권

- 교원의 근무조건 및 복지 등에 관해 교육당국과 교섭할 수 있습
  니다.
- 단, 교육정책, 학교운영 등에 관한 사항은 교섭 대상에서 제외
  됩니다.

2. 단체행동권

- 파업 등의 쟁의행위는 법적으로 금지되어 있습니다.
- 평화적인 집회, 서명운동 등은 가능합니다.

3. 정책 제안

- 교육정책에 대한 의견을 제시하고 개선을 요구할 수 있습니다.
- 단, 이는 강제력 없는 제안의 형태로 이루어져야 합니다.

4. 교원의 권익 보호

- 부당한 처우나 징계에 대해 법적 대응을 할 수 있습니다.
- 교원의 근무환경 개선을 위한 활동을 할 수 있습니다.

5. 정치활동의 제한

- 특정 정당이나 정치인을 지지하는 활동은 금지됩니다.
- 교육 관련 정책에 대한 의견 표명은 가능합니다.

예시사례

최근, 대한초등교사협회는 MS오피스 정책 제안을 경기도교육청에 건의했습니다. 이후 국회의원들과의 협업을 통해 2024년 12월부터 경기도 학교에 MS오피스를 설치할 수 있게 되었습니다. 이는 교원노조의 정책 제안 활동이 실제 교육 현장의 변화로 이어진 좋은 사례입니다.

관련 법령 안내

1. 교원의 노동조합 설립 및 운영 등에 관한 법률 제6조 교섭 및 체결 권한 등
2. 교원의 지위 향상 및 교육활동 보호를 위한 특별법 제12조 교섭·협의 사항

실무 팁!

- 노조 활동 시 법적 범위를 숙지하고 이를 준수하세요.
- 교육정책에 대한 의견은 건설적이고 구체적으로 제시하세요.
- 노조 활동이 학생의 학습권을 침해하지 않도록 주의하세요.

선생님들, 노동조합 활동은 우리의 권리를 지키고 교육환경을 개선하는 중요한 수단입니다. 하지만 그 활동이 법적 테두리 안에서 이루어져야 함을 항상 기억하세요. 특히 학생들의 교육권과 조화를 이루는 것이 중요합니다. **대한초등교사협회와 같은 단체의 활동에 관심을 가지고 참여하면서, 교육 현장의 목소리를 효과적으로 전달할 수 있는 방법을 함께 고민해 주시기 바랍니다.**

📑 7.3
단체교섭의
절차와 방법

ⓠ **초등교사 노동조합의 단체교섭 절차와 방법은 어떻게 이루어지나요?**

Ⓐ **초등교사 노동조합의 단체교섭은 다음과 같은 절차와 방법으로 이루어집니다.**

1. 교섭 요구
- 노동조합이 사용자(교육청 또는 교육부)에게 교섭을 요구합니다.
- 교섭 요구서에는 교섭 의제와 교섭 위원 명단을 포함해야 합니다.

2. 교섭 대표 선정
- 사용자 측과 노동조합 측에서 각각 교섭 대표를 선정합니다.
- 복수 노조의 경우, 교섭창구 단일화 절차를 거쳐야 합니다.

3. 교섭 진행
- 양측 대표가 만나 교섭을 진행합니다.
- 임금, 근로조건, 복지 등 다양한 사항에 대해 협의합니다.

4. 합의 도출

- 양측이 합의에 이르면 단체협약을 체결합니다.
- 합의되지 않은 사항은 계속해서 교섭을 진행합니다.

5. 단체협약 이행

- 체결된 단체협약의 내용을 양측이 성실히 이행해야 합니다.

┌─ **예시사례** ──────

- 전북교사노조는 전라북도교육청과의 단체교섭을 통해 '교원 업무 경감을 위한 협약'을 체결했습니다. 이 협약에는 교사들의 행정업무 축소와 수업 준비 시간 확대 등의 내용이 포함되었습니다.
- 장애인교원노조는 교육부와의 단체교섭에서 '장애인 교원 차별 해소를 위한 협약'을 맺었습니다. 이를 통해 장애인 교원의 근무 환경 개선과 승진 기회 확대 등의 조치가 이루어졌습니다.

관련 법령 안내

1. 교원의 노동조합 설립 및 운영 등에 관한 법률 제6조 교섭 및 체결 권한 등
2. 노동조합 및 노동관계조정법 제29조 교섭 및 체결권한

실무 팁!

📄 단체교섭 전 조합원들의 의견을 충분히 수렴하세요.

📄 교섭 과정에서 합리적이고 객관적인 자료를 준비하여 제시하세요.

📄 교섭 결과를 조합원들에게 신속하고 정확하게 전달하세요.

초등교사를 위한 조언

선생님들, 단체교섭은 우리의 근무환경과 교육의 질을 개선할 수 있는 중요한 과정입니다. 노동조합의 활동에 관심을 가지고 적극적으로 참여해주세요. 하지만 교섭 과정에서 학생들의 교육권이 침해되지 않도록 주의를 기울이는 것도 잊지 마세요.

📑 7.4
단체협약의
효력과 이행

Q 교원노조와 교육당국 간의 단체협약은 어떤 효력을 가지며, 어떻게 이행되나요?

A 교원노조와 교육당국 간의 단체협약은 법적 구속력을 가지며, 다음과 같은 효력과 이행 과정을 거칩니다.

1. 법적 효력

- 단체협약은 노동조합법에 따라 법적 구속력을 가집니다.
- 협약 내용은 개별 근로계약에 우선하여 적용됩니다.

2. 적용 범위

- 협약은 조합원뿐만 아니라 비조합원 교원에게도 적용될 수 있습니다.
- 단, 임금 등 개별적 근로조건에 관한 사항은 조합원에게만 적용됩니다.

3. 이행 의무

- 교육당국과 학교는 협약 내용을 성실히 이행할 의무가 있습니다.

- 위반 시 노동위원회에 시정신청을 할 수 있습니다.

4. 유효기간

- 일반적으로 2년 이내로 정해지며, 새로운 협약이 체결될 때까지 효력이 유지됩니다.

5. 해석과 이행 관리

- 노사 공동으로 협약해석위원회를 구성하여 분쟁을 해결합니다.
- 정기적인 이행점검 회의를 통해 협약 이행 상황을 관리합니다.

예시사례

최근, 전북교사노조는 전라북도교육청과의 단체협약을 통해 교사들의 행정업무 경감을 위한 '교무행정지원팀' 구성을 합의했습니다. 이 협약에 따라 도내 초등학교에 순차적으로 교무행정지원팀이 배치되어 교사들의 업무 부담이 실질적으로 줄어들었습니다.

관련 법령 안내

1. 교원의 노동조합 설립 및 운영 등에 관한 법률 제7조 단체협약의 효력
2. 노동조합 및 노동관계조정법 제33 기준의 효력

실무 팁!

📄 단체협약의 내용을 숙지하고, 협약에 따른 권리를 적극적으로 행사하세요.

📄 협약 위반 사항을 발견하면 노조에 즉시 보고하여 대응하세요.

📄 협약 갱신 시기에 맞춰 개선이 필요한 사항을 노조에 제안하세요.

선생님들, 단체협약은 우리의 권리를 보장하는 중요한 도구입니다. 협약 내용을 잘 이해하고 활용하면 더 나은 교육환경을 만들 수 있습니다. 하지만 협약 이행과 함께 우리의 교육적 사명도 잊지 말아야 합니다. **균형 잡힌 시각으로 협약을 바라보고, 학생들을 위한 더 나은 교육을 위해 노력해 주세요.**

📑 7.5

교원노조와
학교 운영

ⓠ 교원노조는 학교 운영에 어떤 영향을 미치며, 어떤 역할을 하나요?

Ⓐ 교원노조는 교사들의 권익 보호와 교육 환경 개선을 위해 활동하며, 학교 운영에 다음과 같은 영향을 미칩니다.

1. 정책 제안 및 협의
- 교육정책에 대한 의견을 제시하고 개선을 요구합니다.
- 학교 운영 방침에 대해 학교 측과 협의합니다.

2. 근무 조건 개선
- 교사들의 근무 시간, 업무량 등에 대해 협상합니다.
- 교원 평가 제도 등에 대한 의견을 제시합니다.

3. 교육 환경 개선
- 학급 규모, 교육 시설 등 교육 환경 개선을 위해 노력합니다.
- 학생들의 학습권 보장을 위한 제안을 합니다.

4. 교원의 권리 보호

- 부당한 처우나 징계에 대해 법적 대응을 합니다.
- 교육활동 침해 사안에 대해 교원을 지원합니다.

5. 단체교섭

- 교육당국과의 단체교섭을 통해 교원의 처우 개선을 요구합니다.

예시사례

- 최근, 대한초등교사협회는 무고성 아동학대 신고를 받은 교사를 위해 200만원의 위로금과 1심 소송비 300만원을 지원하였습니다. 이는 교원의 권리 보호와 교육활동 자율권 보장을 위한 실질적인 지원 사례입니다.
- 최근, 대한초등교사협회는 교육부에 교원의 최소, 최대 수업 수시에 대한 정책제안을 제출하였습니다. 교원이라면 최소 10시간 이상의 수업을 해야 하며, 최대 20시간 이하의 수업을 해야 한다는 내용의 정책제안입니다.

관련 법령 안내

1. 교원의 노동조합 설립 및 운영 등에 관한 법률 제6조 교섭 및 체결 권한 등
2. 교육기본법 제15조 교원단체

실무 팁!

📄 교원노조의 활동을 통해 제안된 정책이나 개선 사항을 주시하세요.

📄 학교 운영에 관한 중요한 결정 시 교원노조의 의견을 참고하세요.

📄 교원의 권리가 침해됐다고 느낄 때 교원노조에 자문을 구하세요.

선생님들, 교원노조는 우리의 권리를 대변하고 더 나은 교육 환경을 만들기 위해 노력합니다. 노조 활동에 관심을 가지고 참여하는 것이 학교 운영에 우리의 의견을 반영하는 좋은 방법이 될 수 있습니다. 하지만 항상 학생들의 이익을 최우선으로 생각하며 균형 잡힌 시각을 유지하는 것이 중요합니다.

교원단체와
교원노조의 차이

Ⓠ 초등교사를 위한 교원단체와 교원노조는 어떤 차이가 있으며, 각각의 역할은 무엇인가요?

Ⓐ 교원단체와 교원노조는 교사의 권익 보호와 교육 발전을 위해 활동하지만, 법적 지위와 활동 범위에 차이가 있습니다.

1. 법적 근거
- 교원단체 교육기본법 제15조에 근거
- 교원노조 교원의 노동조합 설립 및 운영 등에 관한 법률에 근거

2. 가입 대상
- 교원단체 모든 교원 가입 가능
- 교원노조 일반적으로 교장, 교감 등 관리직 제외

3. 주요 활동
- 교원단체 교육 정책 제안, 교원 복지 향상, 연수 활동 등
- 교원노조 단체교섭, 단체행동, 근로조건 개선 요구 등

4. 교섭권

- 교원단체 교육감과 협의할 권리
- 교원노조 교육감과 단체교섭 가능

5. 단체행동권

- 교원단체 제한적
- 교원노조 법적으로 보장되나 파업 등은 제한됨

예시사례

- 최근, 전국교직원노동조합(전교조)이 합법화되었습니다. 이는 교원노조의 법적 지위와 활동 범위에 큰 변화를 가져왔습니다. 전교조는 이후 교육부 및 각 시도교육청과 단체교섭을 진행하며 교원의 권익 향상을 위해 노력하고 있습니다.
- 교육부와 한국교원단체총연합회(교총)이 담임수당 20만원과 보직수당 15만원 인상, 교원평가제 서술형평가 폐지 및 전면 개편 등이 담긴 단체교섭에 합의했다.

관련 법령 안내

1. 교원의 노동조합 설립 및 운영 등에 관한 법률
2. 교육기본법 제15조 교원단체
3. 노동조합 및 노동관계조정법

실무 팁!

📄 교원단체와 교원노조의 특성을 이해하고 자신의 필요에 맞는 조직을 선택하세요.

📄 두 조직의 활동을 모두 주시하며 교육 현장의 변화를 파악하세요.

📄 가입 시 각 조직의 규약과 활동 내용을 꼼꼼히 확인하세요.

초등교사를 위한 조언

선생님들, 교원단체와 교원노조는 우리의 권익을 대변하는 중요한 조직입니다. 두 조직의 특성을 잘 이해하고, 필요에 따라 적절히 활용하세요. 하지만 어느 조직에 속하든, 가장 중요한 것은 학생들을 위한 교육에 대한 우리의 열정과 책임감임을 잊지 마세요.

교원노조의
재정과 운영

ⓠ **교원노조의 재정은 어떻게 구성되고 운영되며, 투명성을 어떻게 확보하나요?**

Ⓐ **교원노조의 재정과 운영은 노동조합 및 노동관계조정법과 각 노조의 규약에 따라 이루어집니다. 주요 내용은 다음과 같습니다.**

1. 재정 구성
- 조합원의 회비가 주 수입원입니다.
- 기부금, 후원금 등 기타 수입이 있을 수 있습니다.

2. 재정 운영
- 총회나 대의원회에서 승인한 예산에 따라 집행됩니다.
- 주요 지출 항목은 인건비, 사업비, 운영비 등입니다.

3. 회계 감사
- 정기적인 내부 감사를 실시해야 합니다.
- 외부 회계 감사를 받기도 합니다.

4. 투명성 확보

- 정기적으로 재정 상황을 조합원에게 공개해야 합니다.
- 회계 관련 교육과 컨설팅을 통해 전문성을 높입니다.

5. 법적 규제

- 노동조합법에 따라 재정에 관한 서류를 5년간 보존해야 합니다.
- 허위 보고 시 처벌 대상이 될 수 있습니다.

예시사례

- 최근, 대한초등교사협회는 노사발전재단에서 제공하는 노조 회계 교육을 수료하고 노조회계 컨설팅을 회계사와 함께 3시간 이상 받았습니다. 법과 규정에 따른 투명한 노조 운영을 위해 지속적으로 노력한 결과, 노사발전재단에서 우수사례로 선정되었습니다. 이는 교원노조가 재정 투명성과 전문성 향상을 위해 적극적으로 노력하고 있음을 보여주는 좋은 사례입니다.
- 최근, 한 교사노조 대표가 회계 부정 의혹을 받아 사퇴 요구를 받는 사건이 발생했습니다. 이는 교원노조 운영의 투명성과 책임성에 대한 중요성을 다시 한번 일깨우는 계기가 되었습니다.

관련 법령 안내

1. 노동조합 및 노동관계조정법 제25조 회계감사
2. 노동조합 및 노동관계조정법 제26조 운영상황의 공개

실무 팁!

📄 회계 담당자는 관련 법규와 회계 원칙을 숙지하세요.

📄 정기적인 회계 교육과 외부 컨설팅을 활용하세요.

📄 재정 운영 결과를 조합원에게 투명하게 공개하세요.

📄 내부 감사 시스템을 구축하고 정기적으로 실행하세요.

초등교사를 위한 조언

선생님들, 노조의 재정 운영은 조합원 모두의 관심사입니다. 투명하고 효율적인 재정 운영은 노조의 신뢰성과 직결됩니다. 재정 보고회에 관심을 가지고 참여하며, 필요시 적극적으로 의견을 개진해주세요. **우리 모두의 참여로 더 건강하고 강한 노조를 만들 수 있습니다.**

📋 7.8

교원노조의 정치활동과
복무규정과의 관계

Ⓠ **교원노조의 정치활동은 어떤 범위에서 허용되며, 복무규정과 어떤 관계가 있나요?**

Ⓐ **교원노조의 정치활동은 교육의 중립성과 공정성을 위해 엄격히 제한되고 있습니다. 주요 내용은 다음과 같습니다.**

1. 정치활동의 제한

- 교원노조는 특정 정당이나 정치인을 지지하거나 반대하는 활동을 할 수 없습니다.
- 선거운동 참여가 금지됩니다.

2. 허용되는 활동

- 교육정책에 대한 의견 개진은 가능합니다.
- 개인적인 정치적 견해를 가지는 것은 허용됩니다.

3. 복무규정과의 관계

- 국가공무원법과 교육공무원법에 따라 교원의 정치적 중립의무가 규정되어 있습니다.

- 교원노조 활동도 이러한 복무규정의 범위 내에서 이루어져야 합니다.

4. 온라인 활동 주의사항

- 개인 SNS에서도 정치적 중립을 해치는 게시물 게시가 금지됩니다.
- 정치적 편향성을 드러내는 온라인 서명 운동 참여를 자제해야 합니다.

예시사례

- 최근, 한 교원노조가 특정 교육정책에 반대하는 성명을 발표했으나, 정치적 중립성을 유지하며 교육적 관점에서 의견을 제시하여 적절한 노조 활동으로 인정받았습니다.
- 최근, 한 교원노조 대표가 노조의 커뮤니티에 올린 글로 인해 교사라는 이유로 선거법 위반으로 고발을 당했고, 결국 공직선거법 재판에서 벌금형을 받았습니다.

관련 법령 안내

1. 국가공무원법 제65조 정치운동의 금지
2. 교육기본법 제6조 교육의 중립성
3. 교원의 노동조합 설립 및 운영 등에 관한 법률 제3조 정치활동의 금지

실무 팁!

📄 교육정책에 대한 의견 개진 시 정치적 중립성을 유지하세요.

📄 노조 활동 중 정치적 발언이나 행동을 삼가세요.

📄 개인 SNS 사용 시 정치적 견해 표현에 주의하세요.

선생님들, 교원노조 활동은 교육환경 개선을 위한 중요한 수단입니다. 하지만 정치적 중립성을 지키는 것도 매우 중요합니다. 노조 활동 시 교육적 관점에 집중하고, 특정 정치적 입장을 드러내지 않도록 주의해주세요. 하지만 교육 정책에 대한 의견 개진은 허용된다는 로펌의 의견서를 받았으니 법을 개정해도록 노력해 보겠습니다. **우리의 목표는 항상 학생들의 더 나은 교육환경을 만드는 것임을 잊지 마세요.**

교원노조와
교육정책

ⓠ **교원노조는 교육정책 수립과 실행에 어떤 영향을 미치며, 어떤 역할을 하나요?**

Ⓐ **교원노조는 교육정책 수립과 실행 과정에서 다음과 같은 역할과 영향을 미칩니다.**

1. 정책 제안 및 비판
- 교육 현장의 목소리를 반영한 정책 제안
- 정부의 교육정책에 대한 비판적 검토 및 대안 제시

2. 협의 및 협상
- 교육부 및 교육청과의 정책 협의 참여
- 교원의 처우 개선, 교육 환경 개선 등에 대한 협상

3. 여론 형성
- 주요 교육 이슈에 대한 성명서 발표
- 언론을 통한 교육 현안 공론화

4. 정책 모니터링

- 교육정책 실행 과정 감시
- 문제점 지적 및 개선 요구

5. 법적 대응

- 교원의 권리를 침해하는 정책에 대한 법적 대응
- 위헌법률심판 청구 등 헌법소원 제기

예시사례

최근, 전북교사노조는 전라북도교육청과의 단체협약을 통해 교사들의 행정업무 경감을 위한 '교무행정지원팀' 구성을 합의했습니다. 이 협약에 따라 도내 초등학교에 순차적으로 교무행정지원팀이 배치되어 교사들의 업무 부담이 실질적으로 줄어들었습니다. 이는 교원노조가 지역 교육정책에 직접적인 영향을 미친 사례입니다.

관련 법령 안내

1. 교원의 노동조합 설립 및 운영 등에 관한 법률 제6조 교섭 및 체결 권한 등
2. 교육기본법 제15조 교원단체

실무 팁!

- 교육정책 관련 노조의 입장을 주기적으로 확인하세요.
- 노조 활동에 참여하여 정책 제안 과정에 의견을 개진하세요.
- 교육정책 변화가 현장에 미치는 영향을 지속적으로 모니터링하세요.

선생님들, 교원노조는 우리의 목소리를 정책에 반영하는 중요한 통로입니다. 노조 활동에 관심을 갖고 참여하면서, 동시에 비판적 시각으로 노조의 활동을 평가하는 것도 필요합니다. **교육정책은 결국 우리 학생들에게 직접적인 영향을 미치므로, 항상 학생들의 이익을 최우선으로 고려해야 함을 잊지 마세요.**

국제 교원단체와의 연대

Ⓠ 초등교사 노동조합의 국제 연대 활동은 어떻게 이루어지며, 어떤 의미가 있나요?

Ⓐ 초등교사 노동조합의 국제 연대 활동은 다음과 같이 이루어집니다.

1. 국제 교원단체 가입

- 국제교육연맹(Education International, EI) 등 국제 교원단체에 가입하여 활동합니다.
- 정기적인 국제 회의 참석을 통해 각국의 교육 정책과 교원 처우에 대한 정보를 교환합니다.

2. 국제 캠페인 참여

- 세계 교사의 날 기념 행사 등 국제적인 교육 관련 캠페인에 동참합니다.
- 교육권, 아동인권 등 글로벌 이슈에 대한 공동 성명 발표에 참여합니다.

3. 교류 프로그램

- 해외 교원단체와의 교류 프로그램을 통해 상호 방문 및 연수를 실시합니다.
- 교육 정책, 교수법 등에 대한 국제적 시각을 공유합니다.

4. 국제 연대 활동

- 교육권이 위협받는 국가의 교원을 지원하는 활동에 참여합니다.
- 재난 지역 교육 복구 지원 등 국제 협력 사업을 진행합니다.

예시사례

최근, 한국교원단체총연합회는 교육인터내셔널(EI) 아시아태평양지역 총회에 참석하여 코로나19 이후 교육 회복을 위한 국제 협력 방안을 논의했습니다. 이를 통해 원격교육 노하우와 교원 복지 정책 등에 대한 정보를 공유하고, 아시아 지역 교육 발전을 위한 공동 선언문을 채택했습니다.

관련 법령 안내

1. 교원의 노동조합 설립 및 운영 등에 관한 법률
2. 노동조합 및 노동관계조정법

실무 팁!

📄 국제 연대 활동에 관심 있는 교사들을 위한 스터디 그룹을 조직하세요.

📄 해외 교육 정책 및 교원 처우에 대한 정보를 정기적으로 수집하고 공유하세요.

📄 국제 교류 프로그램 참여 기회를 적극적으로 홍보하고 참여를 독려하세요.

선생님들, 국제 연대 활동은 우리의 시야를 넓히고 교육의 보편적 가치를 실현하는 데 큰 도움이 됩니다. 기회가 된다면 국제 교류 프로그램에 참여해 보세요. 다른 나라 교사들과의 교류를 통해 새로운 아이디어를 얻고, 우리 교육 현장에 적용할 수 있는 좋은 사례들을 발견할 수 있을 것입니다.

교사가 행복해야
학생도 행복해집니다.

8장

교권 침해와
대응 방안

교권 침해의
정의와 유형

Ⓠ 교권 침해의 정의는 무엇이며, 어떤 유형들이 있나요?

Ⓐ 교권 침해는 교사의 정당한 교육활동을 방해하거나 교사의 권리를 침해하는 행위를 말합니다. 교원지위법에 따라 다음과 같은 유형으로 분류됩니다.

1. 교육활동 부당 간섭 수업이나 학교 활동에 대한 부적절한 개입
2. 성희롱 교사에 대한 성적 굴욕감이나 혐오감을 주는 행위
3. 정보통신망 이용 침해 교사에 대한 허위사실 유포나 명예훼손
4. 상해 및 폭행 신체적 위해를 가하는 행위
5. 협박 및 위협 교사를 두려움에 빠뜨리는 행위
6. 손괴 교사의 재산을 파괴하는 행위

┌─ 예시사례 ─────────────────────

- 최근, 경기도의 한 초등학교에서 학부모가 담임교사에게 폭언을 하고 교실 문을 발로 차는 등 위협적인 행동을 해 경찰이 출동한 사례가 있었습니다.
- 최근, 부산의 한 중학교에서 학생이 수업 중 교사의 지도에 불응하고 욕설을 하며 교실 밖으로 나가 교권침해 논란이 일었습니다.

- 최근, 서울의 한 고등학교에서 학생이 교사의 머리카락을 자르는 영상을 찍어 SNS에 올려 물의를 빚었습니다.
- 최근, 인천의 한 초등학교에서 학부모가 담임교사에게 수차례 폭언을 하고 협박성 문자메시지를 보내 경찰 수사가 진행된 사례가 있었습니다.
- 최근, 대구의 한 중학교에서 학생이 수업 중 교사를 향해 책을 던지고 욕설을 해 해당 학생이 징계를 받은 사례가 있었습니다.

관련 법령 안내

1. 교원의 지위 향상 및 교육활동 보호를 위한 특별법
2. 교육기본법 제14조 교원
3. 초 · 중등교육법 제18조의5 보호자의 의무 등

실무 팁!

📄 교육활동 침해 발생 시 즉시 학교 관리자에게 보고하고 기록을 남기세요.

📄 학생, 학부모와의 소통 시 전문성을 유지하면서도 상호 존중의 태도를 보이세요.

📄 교권보호위원회의 역할과 절차를 숙지하고 필요시 적극 활용하세요.

초등교사를 위한 조언

선생님들, 교육활동 침해는 여러분의 교육권뿐만 아니라 학생들의 학습권도 침해합니다. **침해 행위를 명확히 인지하고, 적절히 대응하는 것이 중요합니다.**

교권보호위원회의
역할과 구성

Ⓠ **교권보호위원회의 역할과 구성은 어떻게 되며, 어떤 사안을 다루나요?**

🅐 **교권보호위원회는 교원의 교육활동 보호와 교육활동 침해 사안 심의를 위해 설치된 기구로, 교권을 강화하고 교사의 권리를 보호하는 데 중요한 역할을 합니다. 주요 내용은 다음과 같습니다.**

1. 역할

- 교육활동 침해 사안 심의 교권침해가 발생했을 때, 해당 사건을 심의하고 적절한 조치를 결정합니다.
- 교원의 권리 보호 교원의 권리가 침해당했을 경우, 필요한 보호 조치를 제공합니다.
- 정책 개선 제안 교육활동 보호를 위한 제도 개선 방안을 논의하고 제안합니다.
- 예방 교육 실시 교권 보호를 위한 예방 교육 및 캠페인을 진행하여 교원과 학생, 학부모에게 인식 개선을 도모합니다.

2. 구성

- 위원회 구성 교육지원청 단위로 설치되며, 위원장은 교육청 소속의 공무원이 맡습니다.

- 위원 수 위원은 5명 이상 10명 이하로 구성되며, 교원, 교육 전문가, 법률 전문가 등 다양한 분야의 인사로 이루어집니다.
- 전문가 참여 필요에 따라 심리 상담사나 아동복지 전문가가 참여할 수 있습니다.

3. 주요 심의 사항

- 교육활동 침해 행위에 대한 조치
- 피해 교원의 보호 조치
- 교육활동 침해 예방 대책

예시사례

- 최근, 서울특별시교육청의 교권보호위원회는 한 초등학교에서 발생한 교사의 교육활동 침해 사건을 심의했습니다. 해당 사건은 학부모의 부당한 민원으로 인해 발생했으며, 위원회는 교사의 정당한 교육활동을 인정하고 피해 교사에게 심리 상담 지원과 함께 법률 자문을 제공하기로 결정했습니다.
- 최근, 전라북도교육청의 교권보호위원회는 무고성 아동학대 신고를 받은 교사에 대해 신속히 조사하고, 해당 신고가 사실이 아님을 확인하여 교사의 명예를 회복하는 데 기여했습니다.

관련 법령 안내

1. 교원의 지위 향상 및 교육활동 보호를 위한 특별법 제18조 교권보호위원회의 설치 및 운영
2. 교원의 지위 향상 및 교육활동 보호를 위한 특별법 제19조 피해교원 보호 조치

📑 교육활동 침해 발생 시 즉시 학교 관리자에게 보고하고 교권보호위원회 심의를 요청하세요.

📑 위원회 심의 과정에서 객관적인 증거와 진술을 제시하세요.

📑 교권보호위원회의 결정 사항을 숙지하고 필요한 보호 조치를 적극적으로 요구하세요.

초등교사를 위한 조언

선생님들, 교권보호위원회는 여러분의 교육활동을 보호하기 위한 중요한 제도입니다. **교육활동 침해를 당했을 때 주저하지 말고 이 제도를 활용하세요.**

교권 침해
사안 처리 절차

Ⓠ 교권 침해 사안이 발생했을 때 처리 절차는 어떻게 되며, 각 단계에서 주의해야 할 점은 무엇인가요?

Ⓐ 교권 침해 사안 처리 절차는 다음과 같이 진행됩니다.

1. 사안 발생 및 신고

- 교권 침해 사안 발생 시 교사는 즉시 학교장에게 보고해야 합니다.
- 구두 보고 후 서면으로 상세한 내용을 제출합니다.

2. 초기 대응

- 학교장은 피해 교원과 가해자를 즉시 분리해야 합니다.
- 필요시 경찰 신고 등 적절한 조치를 취합니다.

3. 교권보호위원회 개최

- 학교는 사안 접수 후 14일 이내에 교권보호위원회를 개최해야 합니다.
- 위원회는 사안을 심의하고 필요한 조치를 결정합니다.

4. 피해 교원 보호 조치

- 심리상담, 법률 자문, 치료 등 필요한 지원을 제공합니다.
- 특별휴가 부여, 근무장소 변경 등의 조치를 할 수 있습니다.

5. 가해자에 대한 조치

- 학생의 경우 학교폭력 전담기구 심의를 거쳐 징계 등의 조치를 취합니다.
- 보호자의 경우 특별교육이나 심리치료 등을 받도록 조치할 수 있습니다.

6. 사후 관리

- 재발 방지를 위한 교육과 상담을 실시합니다.
- 피해 교원의 회복을 위한 지속적인 지원을 제공합니다.

예시사례

최근, A초등학교에서 학부모가 수업 중인 교실에 무단으로 들어와 교사를 폭행한 사건이 발생했습니다. 학교는 즉시 해당 교사를 보호조치하고 경찰에 신고했으며, 교권보호위원회를 개최하여 피해 교사에 대한 심리상담과 법률 지원을 결정했습니다. 가해 학부모에게는 특별교육 이수를 명령하고, 학교 출입을 제한하는 조치를 취했습니다.

관련 법령 안내

1. 교원의 지위 향상 및 교육활동 보호를 위한 **특별법 제14조** 교원의 교육활동 보호에 관한 종합계획의 수립·시행 등

2. 동법 제18조 교권보호위원회의 설치 · 운영

3. 동법 제20조 피해교원에 대한 보호조치 등

실무 팁!

📑 교육활동 침해 상황이 발생하면 즉시 녹음이나 촬영 등으로 증거를 확보하세요.

📑 사건 경위를 상세히 기록하고 목격자 진술도 확보하세요.

📑 교권보호위원회 절차와 지원 내용을 미리 숙지하고 있으세요.

초등교사를 위한 조언

선생님들, 교육활동 침해 행위가 발생하면 즉시 대응하고 공식적인 절차를 밟으세요. 이는 여러분의 권리를 지키는 것뿐만 아니라, 건강한 교육환경을 만드는 데 필수적입니다. **혼자 고민하지 마시고 동료 교사, 관리자, 교권보호위원회의 도움을 적극 활용하세요.**

📑 8.4

피해 교원에 대한
보호 조치

Ⓠ 교육활동 침해로 인한 피해 교원에 대해 어떤 보호 조치가 이루어지며, 그 절차는 어떻게 되나요?

Ⓐ 교육활동 침해로 인한 피해 교원에 대한 보호 조치는 다음과 같이 이루어집니다.

1. 즉각적인 분리 조치
- 교육활동 침해 발생 시 가해자와 피해교원을 즉시 분리합니다.

2. 심리상담 및 치료 지원
- 피해교원에게 심리상담과 필요한 치료를 제공합니다.

3. 법률 자문 및 지원
- 교육활동 침해와 관련된 법적 문제에 대해 자문과 지원을 제공합니다.

4. 특별휴가 부여
- 피해교원의 회복을 위해 필요한 경우 특별휴가를 부여할 수 있습니다.

5. 근무장소 변경

- 필요시 피해교원의 근무장소를 변경할 수 있습니다.

6. 치료 및 치유 비용 지원

- 교육활동 침해로 인한 치료 및 치유에 필요한 비용을 지원합니다.

예시 사례

최근, A초등학교에서 학부모로부터 폭언과 위협을 받은 교사에 대해 교육청은 즉각적인 분리 조치를 취하고, 2주간의 특별 휴가와 심리상담을 제공했습니다. 또한 법률 자문을 통해 해당 교사가 형사고소를 진행할 수 있도록 지원했습니다.

관련 법령 안내

1. 교원의 지위 향상 및 교육활동 보호를 위한 특별법 제18조 교권보호위원회의 설치·운영
2. 동법 제20조 피해교원에 대한 보호조치 등

실무 팁!

📄 교육활동 침해 발생 즉시 학교장에게 보고하고 보호 조치를 요청하세요.

📄 심리상담이나 치료가 필요하다고 느껴지면 주저하지 말고 요청하세요.

📄 법적 대응이 필요한 경우, 제공되는 법률 자문을 적극 활용하세요.

초등교사를 위한 조언

선생님들, 교육활동 침해를 당했을 때 침묵하거나 참지 마세요. 법과 제도가 여러분을 보호하기 위해 마련되어 있습니다. 필요한 보호 조치를 적극적으로 요청하고 활용하세요. **여러분의 안전과 권리가 보장될 때 더 나은 교육이 가능합니다.**

학생에 의한
교권 침해 대응

ⓠ 학생에 의한 교권 침해가 발생했을 때, 교사는 어떻게 대응해야 하며 어떤 절
차를 따라야 하나요?

Ⓐ 학생에 의한 교권 침해 발생 시 교사의 대응 절차는 다음과 같습니다.

1. 즉각적인 보고

- 교권 침해 사실을 즉시 학교장에게 보고합니다.
- 구두 보고 후 서면으로 상세한 내용을 제출합니다.

2. 증거 수집

- 침해 상황에 대한 객관적인 증거(목격자 진술, 영상, 음성 등)를 확
  보합니다.
- 침해 행위의 일시, 장소, 내용을 상세히 기록합니다.

3. 교권보호위원회 개최 요청

- 학교는 사안 접수 후 14일 이내에 교권보호위원회를 개최해야
  합니다.
- 위원회는 사안을 심의하고 필요한 조치를 결정합니다.

4. 피해 교원 보호 조치

- 필요시 학생과의 분리, 심리상담, 법률 자문 등의 지원을 요청할 수 있습니다.

5. 학생에 대한 조치

- 교육활동 침해 학생에 대해서는 교원의 지위 향상 및 교육활동 보호를 위한 특별법에 따른 조치가 이루어집니다.
- 조치의 주체는 학교장에서 교육장으로 변경되었습니다.

예시사례

최근, A초등학교에서 학생이 수업 중 교사에게 폭언을 하고 수업을 방해한 사건이 발생했습니다. 교사는 즉시 학교장에게 보고하고 교권보호위원회 개최를 요청했습니다. 위원회는 해당 학생에 대한 특별교육 이수와 피해 교사에 대한 심리상담 지원을 결정했습니다.

관련 법령 안내

1. 교원의 지위 향상 및 교육활동 보호를 위한 특별법 제18조 교권보호위원회의 설치 · 운영
2. 동법 제20조 피해교원에 대한 보호조치 등
3. 동법 제25조 교육활동 침해학생에 대한 조치 등

실무 팁!

📄 교권 침해 상황 발생 시 감정적 대응을 자제하고 침착하게 대처하세요.

📄 학생의 인권을 존중하면서도 교육활동의 정당성을 입증할 수 있는 자료를 준비하세요.

📄 교권보호위원회의 결정을 존중하되, 필요시 추가적인 보호 조치를 요청할 수 있습니다.

초등교사를 위한 조언

선생님들, 학생에 의한 교권 침해는 결코 가볍게 넘길 일이 아닙니다. 하지만 동시에 교육적 해결을 최우선으로 고려해야 합니다. 침착하게 대응하고 정해진 절차를 따르되, 학생의 변화와 성장을 위한 기회로 삼으세요. **필요하다면 동료 교사나 관리자의 도움을 받는 것도 좋은 방법입니다.**

8.6

학부모에 의한
교권 침해 대응

Q 학부모에 의한 교권 침해가 발생했을 때, 교사는 어떻게 대응해야 하며 어떤
절차를 따라야 하나요?

A 학부모에 의한 교권 침해 발생 시 교사의 대응 절차는 다음과 같습니다.

1. 즉각적인 보고

- 교권 침해 사실을 즉시 학교장에게 보고합니다.
- 구두 보고 후 서면으로 상세한 내용을 제출합니다.

2. 증거 수집

- 침해 상황에 대한 객관적인 증거(목격자 진술, 녹음, 영상 등)를 확보합니다.
- 침해 행위의 일시, 장소, 내용을 상세히 기록합니다.

3. 교권보호위원회 개최 요청

- 학교는 사안 접수 후 14일 이내에 교권보호위원회를 개최해야 합니다.
- 위원회는 사안을 심의하고 필요한 조치를 결정합니다.

4. 피해 교원 보호 조치

- 필요시 학부모와의 분리, 심리상담, 법률 자문 등의 지원을 요청할 수 있습니다.

5. 학부모에 대한 조치

- 교육활동 침해 학부모에 대해서는 특별교육이나 심리치료 등을 받도록 조치할 수 있습니다.
- 조치 불이행 시 과태료 부과가 가능합니다.

예시사례

최근, A초등학교에서 학부모가 교사의 수업 방식에 불만을 품고 수업 중 교실에 무단으로 들어와 고성과 폭언을 하는 사건이 발생했습니다. 해당 교사는 즉시 학교장에게 보고하고 교권보호위원회 개최를 요청했습니다. 위원회는 해당 학부모에게 특별교육 이수를 명령하고, 피해 교사에 대한 심리상담 지원을 결정했습니다.

관련 법령 안내

1. 교원의 지위 향상 및 교육활동 보호를 위한 특별법 제18조 교권보호위원회의 설치·운영
2. 동법 제20조 피해교원에 대한 보호조치 등
3. 동법 제26조 교육활동 침해 보호자 등에 대한 조치

실무 팁!

📄 교권 침해 상황 발생 시 감정적 대응을 자제하고 침착하게 대처하세요.

📄 학부모와의 대화 시 가능한 제3자를 동석시키고, 대화 내용을 기록하세요.

📄 교권보호위원회의 결정을 존중하되, 필요시 추가적인 보호 조치를 요청할 수 있습니다.

초등교사를 위한 조언

선생님들, 학부모에 의한 교권 침해는 매우 스트레스가 될 수 있는 상황입니다. 하지만 침착하게 대응하고 정해진 절차를 따르는 것이 중요합니다. 혼자 해결하려 하지 말고, 학교와 교육청의 지원 체계를 적극 활용하세요. **또한, 평소 학부모와의 원활한 소통을 통해 신뢰 관계를 구축하는 것이 교권 침해 예방에 도움이 될 수 있습니다.**

교권 침해 관련
법적 대응

Ⓠ 교권 침해가 발생했을 때 교사가 취할 수 있는 법적 대응 방법은 무엇이며, 그 절차는 어떻게 되나요?

Ⓐ 교권 침해 발생 시 교사가 취할 수 있는 법적 대응 방법과 절차는 다음과 같습니다.

1. 교권보호위원회 신고
- 학교 또는 교육지원청의 교권보호위원회에 신고합니다.
- 위원회는 사안을 심의하고 필요한 조치를 결정합니다.

2. 형사 고소/고발
- 폭행, 명예훼손 등 형사법 위반 사항에 대해 경찰에 고소/고발할 수 있습니다.

3. 민사상 손해배상 청구
- 교권 침해로 인한 정신적, 물질적 피해에 대해 손해배상을 청구할 수 있습니다.

4. 행정심판 및 행정소송

- 교육청의 조치에 불복할 경우 행정심판이나 행정소송을 제기할 수 있습니다.

5. 교원소청심사 청구

- 부당한 처분에 대해 교원소청심사위원회에 심사를 청구할 수 있습니다.

예시사례

- 최근, A초등학교 교사가 학부모로부터 폭언과 협박을 받아 교권보호위원회에 신고했습니다. 위원회는 해당 학부모에게 특별교육 이수를 명령하고, 교사에게는 심리상담을 지원했습니다.
- 최근, B중학교 교사가 학생으로부터 신체적 폭행을 당해 형사 고소를 진행했습니다. 법원은 해당 학생에게 보호처분을 내렸고, 교사는 민사소송을 통해 손해배상을 받았습니다.

관련 법령 안내

1. 교원의 지위 향상 및 교육활동 보호를 위한 특별법 제28조 교육활동 침해행위에 대한 신고의무
2. 동법 제35조(과태료)
3. 형법 제307조 명예훼손

실무 팁!

📄 교권 침해 발생 즉시 증거(녹음, 사진, 목격자 진술 등)를 확보하세요.

📄 학교 관리자에게 즉시 보고하고 공식적인 기록을 남기세요.

📄 필요시 교원단체나 교육청의 법률 지원 서비스를 활용하세요.

초등교사를 위한 조언

선생님들, 교권 침해는 결코 참고 넘어갈 일이 아닙니다. 법적 대응이 필요한 상황이라면 주저하지 말고 적극적으로 대응하세요. 이는 여러분 개인의 권리를 지키는 것뿐만 아니라, 건강한 교육환경을 만드는 데 필수적입니다. **혼자 고민하지 마시고 동료 교사, 관리자, 교원단체의 도움을 받아 체계적으로 대응하세요**

교육활동 침해
예방 교육

ⓠ 교육활동 침해 예방 교육은 어떻게 이루어지며, 그 내용과 효과는 무엇인가요?

Ⓐ 교육활동 침해 예방 교육은 교원, 학생, 학부모를 대상으로 실시되며, 교육활동 침해의 개념, 유형, 대응 방법 등을 포함합니다. 주요 내용은 다음과 같습니다.

1. 교원 대상 교육

- 교육활동 침해 사례 및 대응 방법
- 학생 및 학부모와의 효과적인 의사소통 기술
- 교육활동 침해 발생 시 법적 대응 절차

2. 학생 대상 교육

- 교권의 중요성과 교육활동 침해의 심각성
- 학교폭력 및 교권침해 예방
- 올바른 의사소통 방법과 갈등 해결 기술

3. 학부모 대상 교육
- 교육활동 침해의 법적 개념과 처벌 규정
- 자녀와의 소통 방법 및 학교와의 협력 방안
- 교육활동 침해 예방을 위한 가정에서의 역할

4. 교육 방법
- 온라인 및 오프라인 강의
- 사례 중심의 토론 및 역할극
- 전문가 초청 특강

예시사례

- 최근, A교육청은 모든 초등학교에서 연 2회 이상 교육활동 침해 예방 교육을 의무화하고, 온라인 플랫폼을 통해 교육 자료를 제공했습니다.
- 최근, B초등학교에서는 학부모 참여 수업 주간을 활용하여 교사와 학부모가 함께하는 교육활동 침해 예방 워크숍을 진행했습니다.

관련 법령 안내

1. 교원의 지위 향상 및 교육활동 보호를 위한 특별법 제24조 교육활동 침해행위 예방교육
2. 동법 시행령 제21조 교육활동 침해행위 예방교육

실무 팁!

📄 학기 초에 학생 및 학부모와 함께 '교실 약속'을 만들어 교육활동 침해 예방의 기초로 삼으세요.

📄 교육활동 침해 예방 교육 이수 현황을 꼼꼼히 기록하고 관리하세요.

📄 학교 홈페이지나 가정통신문을 통해 정기적으로 교육활동 침해 예방 관련 정보를 공유하세요.

초등교사를 위한 조언

선생님들, 교육활동 침해 예방 교육은 우리와 학생들 모두를 위한 것입니다. 이 교육을 통해 서로를 이해하고 존중하는 학교 문화를 만들어갈 수 있습니다. **예방 교육에 적극적으로 참여하고, 그 내용을 일상적인 교육 활동에 녹여내는 것이 중요합니다.**

📑 8.9
교권 침해 사안의
언론 대응

ⓠ 교권 침해 사안이 언론에 보도될 경우, 교사와 학교는 어떻게 대응해야 하나요?

ⓐ 교권 침해 사안의 언론 대응은 신중하고 체계적으로 이루어져야 합니다. 주요 대응 방안은 다음과 같습니다.

1. 신속한 대응팀 구성
- 학교장, 교감, 해당 교사, 교권 담당 교사로 구성된 대응팀을 즉시 구성합니다.
- 대응팀은 일관된 메시지를 전달하기 위한 전략을 수립합니다.

2. 사실 관계 확인
- 사건의 정확한 경위를 파악하고 관련 증거를 수집합니다.
- 학생, 학부모, 목격자 등의 진술을 확보합니다.

3. 공식 성명 발표
- 확인된 사실에 기반한 간결하고 명확한 공식 성명을 준비합니다.
- 학생의 인권과 교사의 교권을 모두 고려한 균형 잡힌 입장을 표명합니다.

4. 언론 대응 창구 일원화

- 학교장이나 지정된 대변인만이 언론과 소통하도록 합니다.
- 개별 교사들의 무분별한 언론 접촉을 제한합니다.

5. 교육청과의 협력

- 교육청의 관련 부서와 긴밀히 협력하여 대응 방향을 조율합니다.
- 필요시 교육청의 언론 대응 지원을 요청합니다.

> **예시사례**
>
> 최근, A초등학교에서 발생한 교권 침해 사건이 언론에 보도되었습니다. 학교는 즉시 대응팀을 구성하고, 교육청과 협력하여 사실관계를 명확히 한 후 공식 성명을 발표했습니다. 이를 통해 왜곡된 정보의 확산을 방지하고 교사의 입장을 적절히 전달할 수 있었습니다.

관련 법령 안내

1. 교육기본법 제14조 교원
2. 교원의 지위 향상 및 교육활동 보호를 위한 특별법 제25조 교육활동 침해학생에 대한 조치 등

실무 팁!

- 언론 대응 시 감정적 표현을 자제하고 객관적 사실만을 전달하세요.
- SNS 등 개인 매체를 통한 의견 표출을 삼가세요.
- 언론의 추가 취재 요청에 대비해 주요 Q&A를 미리 준비하세요.

초등교사를 위한 조언

선생님들, 교권 침해 사안이 언론에 보도되면 매우 당황스럽고 힘든 상황일 것입니다. 하지만 이럴 때일수록 침착함을 유지하고 학교의 공식 대응 절차를 따르는 것이 중요합니다. 개인적인 해명이나 반박보다는 학교와 교육청의 체계적인 대응을 신뢰하고 협조해 주세요. **이러한 신중한 태도가 결국 교권 보호에 도움이 될 것입니다.**

📑 8.10
교권 회복을
위한 지원 제도

Ⓠ 교권 회복을 위해 어떤 지원 제도가 마련되어 있으며, 교사들은 이를 어떻게 활용할 수 있나요?

Ⓐ 교권 회복을 위한 지원 제도는 다음과 같이 구성되어 있습니다.

1. 교권보호위원회

- 교육지원청 단위로 설치되어 교육활동 침해 사안을 심의하고 교원 보호 조치를 결정합니다.
- 교사는 교육활동 침해 발생 시 이 위원회에 심의를 요청할 수 있습니다.

2. 교원치유지원센터

- 교육활동 침해로 인한 정신적 피해를 받은 교원에게 심리상담과 치료를 제공합니다.
- 전문 상담사와의 11 상담, 집단 치유 프로그램 등을 이용할 수 있습니다.

3. 법률 지원 서비스

- 교육활동과 관련된 법적 분쟁 시 교원에게 법률 상담 및 소송 대리 등의 지원을 제공합니다.
- 교육청이나 교원단체를 통해 이용 가능합니다.

4. 교원배상책임보험

- 교육활동 중 발생할 수 있는 손해배상 책임을 보장하기 위한 보험입니다.
- 많은 시도교육청에서 교원들을 위해 가입하고 있습니다.

5. 교권 침해 예방 교육

- 학생, 학부모, 교직원을 대상으로 교권 보호의 중요성과 침해 예방에 대한 교육을 실시합니다.

예시사례

최근, A초등학교 교사 B씨는 학부모로부터 부당한 민원과 협박을 받아 교권보호위원회에 신고했습니다. 위원회는 해당 학부모에게 특별교육 이수를 명령하고, B교사에게는 심리상담 지원을 제공했습니다. 또한 법률 자문을 통해 B교사는 향후 대응방안을 마련할 수 있었습니다.

관련 법령 안내

1. 교원의 지위 향상 및 교육활동 보호를 위한 특별법 제18조 교권보호위원회의 설치·운영
2. 동법 제20조 피해교원에 대한 보호조치 등
3. 동법 제21조 법률지원단의 구성 및 운영

실무 팁!

📑 교권 침해 발생 시 즉시 학교 관리자에게 보고하고 교권보호위원회 심의를 요청하세요.

📑 심리적 어려움을 겪을 경우 주저하지 말고 교원치유지원센터를 이용하세요.

📑 법적 대응이 필요한 경우, 제공되는 법률 지원 서비스를 적극 활용하세요.

초등교사를 위한 조언

선생님들, 교권 회복을 위한 다양한 지원 제도가 마련되어 있습니다. 이러한 제도들을 잘 알고 필요할 때 적극적으로 활용하세요. 여러분의 권리를 지키는 것이 곧 학생들의 학습권을 보장하는 길입니다. **혼자 고민하지 마시고 제도적 지원을 받아 건강한 교육 환경을 만들어가세요.**

교사가 행복해야
학생도 행복해집니다.

9장

학생 인권과
교사의 권리 균형

📋 9.1
학생인권조례의
이해

Ⓠ 학생인권조례란 무엇이며, 어떤 내용을 담고 있나요? 또한 이를 악용한 교권 침해 사례는 어떤 것들이 있나요?

Ⓐ 학생인권조례는 학생의 인권을 보장하고 증진하기 위해 지방자치단체가 제정한 법규입니다. 주요 내용은 다음과 같습니다.

1. 학생인권의 정의와 범위
- 학생을 인권의 주체로 인정
- 차별받지 않을 권리, 표현의 자유, 사생활의 자유 등을 명시

2. 교육활동에서의 학생 권리
- 학습권 보장
- 학교 운영 참여권
- 징계 절차에서의 적법성 보장

3. 학교 생활에서의 권리
- 두발, 복장 등 용모에 관한 자유
- 휴대전화 등 개인 소지품 관련 권리
- 체벌 금지

4. 학생인권 침해 시 구제 절차

- 학생인권옹호관 제도

- 학생인권침해 신고 및 상담 체계

그러나 일부 학생들이 이러한 조례를 악용하여 교권을 침해하는 사례가 증가하고 있습니다.

1. 수업 중 교사의 정당한 지도에 대해 "인권 침해"라고 주장하며 불응하는 경우

2. 교칙 위반에 대한 제재를 "학생 인권 침해"로 신고하는 사례

3. 교사의 정당한 훈육을 "폭력"으로 왜곡 신고하는 경우

4. 학생인권을 내세워 수업을 방해하거나 교사에게 모욕적인 언행을 하는 사례

예시사례

최근, A고등학교에서 한 학생이 수업 중 계속 휴대폰을 사용하다 교사의 제지를 받자 "인권 침해"라며 항의하고 수업을 방해한 사건이 있었습니다. 이 사건은 학생인권조례와 교권 보호 사이의 균형에 대한 논란을 불러일으켰습니다.

관련 법령 안내

1. 교육기본법 제12조 학습자

2. 초·중등교육법 제18조의4 학생의 인권보장 등

3. 각 시도의 학생인권조례

📑 학생인권조례의 내용을 숙지하되, 교육활동 보호를 위한 법령도 함께 이해하세요.

📑 학생 지도 시 정당한 교육적 목적과 방법을 명확히 하고 기록을 남기세요.

📑 학생인권과 교권 사이의 균형을 위해 학교 차원의 가이드라인을 마련하세요.

초등교사를 위한 조언

선생님들, 학생인권조례는 학생들의 권리를 보장하면서도 교육적 목적을 달성하기 위한 것이지만 일부 악용 사례로 인해 교권이 위협받는 상황이 발생할 수 있습니다. **이럴 때일수록 냉철하게 대응하고, 정당한 교육활동임을 입증할 수 있는 근거를 마련하세요.**

체벌 금지와
대안적 생활지도

Ⓠ 체벌 금지에 따른 대안적 생활지도 방법에는 어떤 것들이 있으며, 어떻게 적용할 수 있나요?

Ⓐ 체벌은 법적으로 금지되어 있으며, 이에 따라 다양한 대안적 생활지도 방법이 개발되고 있습니다. 주요 방법은 다음과 같습니다.

1. 긍정적 행동지원(PBS Positive Behavior Support)
- 바람직한 행동을 강화하고 격려하는 방식
- 학생의 긍정적 행동에 대해 즉각적이고 구체적인 피드백 제공

2. 회복적 생활교육
- 처벌보다는 관계 회복에 초점을 맞춘 접근법
- 갈등 당사자들 간의 대화와 이해를 통한 문제 해결

3. 분리제도
- 문제 행동을 보이는 학생을 일시적으로 분리하여 냉각기를 가짐
- 별도의 공간에서 상담교사와의 대화를 통해 자신의 행동 반성.

4. 상벌점제

- 긍정적 행동에는 상점, 부정적 행동에는 벌점을 부여
- 누적된 점수에 따라 특권 부여 또는 제한

5. 상담 및 멘토링

- 전문 상담교사나 외부 전문가를 통한 정기적 상담 제공
- 교사나 선배 학생과의 멘토링 프로그램 운영

예시사례

- 최근, A초등학교는 '칭찬 릴레이' 프로그램을 도입하여 학생들의 긍정적 행동을 강화하고, 학교 폭력이 30% 감소하는 효과를 보았습니다.
- 최근, B중학교는 '회복적 서클' 제도를 통해 학생 간 갈등을 조정하고, 학급 내 관계 개선에 성공했습니다.

관련 법령 안내

1. 초·중등교육법 제18조 학생의 징계
2. 학교폭력예방 및 대책에 관한 법률 제17조 가해학생에 대한 조치

실무 팁!

- 학생의 개별 특성과 상황을 고려하여 적절한 생활지도 방법을 선택하세요.
- 일관성 있는 규칙 적용과 공정한 절차를 통해 학생들의 신뢰를 얻으세요.
- 학부모와의 협력을 통해 가정에서도 일관된 지도가 이루어지도록 하세요.

초등교사를 위한 조언

선생님들, 체벌 없는 생활지도는 더 많은 인내와 노력이 필요합니다. 하지만 이는 학생들의 자존감과 자기조절능력을 키우는 데 큰 도움이 됩니다. 다양한 방법을 시도해보고, 각 학생에게 가장 효과적인 방법을 찾아 적용해 보세요. **긍정적 관계 형성이 가장 중요한 열쇠임을 잊지 마세요.**

9.3

학생의 표현의
자유와 한계

Q 초등학생의 표현의 자유는 어디까지 보장되며, 그 한계는 무엇인가요?

A 초등학생의 표현의 자유는 헌법과 UN 아동권리협약에 의해 보장되는 기본적 권리입니다. 하지만 학교라는 특수한 환경과 학생의 발달 단계를 고려할 때 일정한 한계가 있습니다.

1. 표현의 자유 보장 범위

- 의사 표현의 자유 (말, 글, 그림 등)
- 복장, 두발 등 용모에 관한 자유
- 집회 및 결사의 자유

2. 표현의 자유의 한계

- 다른 학생의 학습권 침해 금지
- 학교의 질서 유지와 상충되지 않아야 함
- 타인의 명예나 권리 침해 금지
- 음란, 폭력 등 유해한 내용 배제

3. 학교의 역할

- 학생들의 표현의 자유를 보장하는 환경 조성
- 적절한 가이드라인 제시
- 학생들의 의견 수렴 창구 마련

예시사례

- 최근, A초등학교에서는 학생들이 직접 교복 디자인에 참여하는 프로젝트를 진행했습니다. 이를 통해 학생들의 표현의 자유를 존중하면서도 학교의 정체성을 반영한 교복이 만들어졌습니다.
- 최근, B초등학교에서는 학생들이 운영하는 교내 방송국을 설립했습니다. 학생들은 자유롭게 주제를 선정하고 방송을 제작했지만, 교사들의 지도 하에 부적절한 내용은 걸러내는 과정을 거쳤습니다.

관련 법령 안내

1. 헌법 제21조 언론·출판의 자유와 집회·결사의 자유
2. UN 아동권리협약 제13조 표현의 자유
3. 초·중등교육법 제18조의4 학생의 인권보장 등

실무 팁!

- 학생들의 의견을 경청하고 존중하되, 교육적 맥락에서 적절한 지도를 병행하세요.
- 학급 규칙을 정할 때 학생들의 참여를 독려하여 자율성과 책임감을 키우세요.
- 표현의 자유와 그 한계에 대해 학생들과 함께 토론하는 시간을 가지세요.

선생님들, 학생들의 표현의 자유를 존중하는 것은 민주시민 교육의 첫걸음입니다. 하지만 동시에 그들이 책임감 있게 자유를 누릴 수 있도록 안내하는 것도 우리의 역할입니다. **학생들의 창의성과 자율성을 키워주되, 타인을 배려하고 공동체의 규칙을 지키는 것의 중요성도 함께 가르쳐주세요.**

학생 징계와
적법 절차

Ⓠ 초등학생에 대한 징계는 어떤 절차를 거쳐 이루어지며, 적법한 절차를 위해 교사가 주의해야 할 점은 무엇인가요?

Ⓐ 초등학생에 대한 징계는 교육적 목적을 최우선으로 하며, 다음과 같은 절차와 원칙을 따릅니다.

1. 징계의 종류

• 학교내 봉사, 사회봉사, 특별교육 이수, 출석정지 등이 있습니다.
• 초등학생의 경우 퇴학 처분은 할 수 없습니다.

2. 징계 절차

• 사안 조사 객관적이고 공정한 조사가 선행되어야 합니다.
• 학생 및 보호자 의견 청취 징계 대상 학생과 보호자의 의견을 반드시 들어야 합니다.
• 선도위원회 개최 학교 선도위원회에서 징계 여부와 수준을 결정합니다.
• 학교장 결재 최종적으로 학교장이 징계를 결정합니다.

3. 적법 절차 준수

- 징계 사유와 근거를 명확히 제시해야 합니다.
- 징계 내용과 기간을 구체적으로 명시해야 합니다.
- 재심 청구 권리를 고지해야 합니다.

4. 교육적 조치 병행

- 징계와 함께 상담, 치유 프로그램 등 교육적 조치를 병행해야 합니다.

예시사례

최근, A초등학교에서는 학교폭력 가해 학생에 대해 징계를 결정하면서, 학생과 보호자의 의견을 충분히 청취하고 상담 프로그램 이수를 병행하는 교육적 징계를 실시했습니다. 이를 통해 해당 학생의 행동 개선과 피해 학생과의 관계 회복을 이끌어냈습니다.

관련 법령 안내

1. 초·중등교육법 제18조 학생의 징계
2. 초·중등교육법 시행령 제31조 학생의 징계 등
3. 학교폭력예방 및 대책에 관한 법률 제17조 가해학생에 대한 조치

실무 팁!

📄 징계 과정에서 학생의 인권을 존중하고 교육적 목적을 잃지 않도록 주의하세요.

📄 징계 사유와 절차를 명확히 문서화하여 기록으로 남기세요.

📄 학부모와의 소통을 통해 징계의 필요성과 교육적 의미를 설명하세요.

선생님들, 학생 징계는 처벌이 아닌 교육의 연장선상에 있음을 기억해주세요. 적법한 절차를 따르되, 항상 학생의 성장과 변화 가능성을 믿고 접근해야 합니다. **징계 과정이 학생에게 반성과 학습의 기회가 될 수 있도록 세심한 관심과 지도가 필요합니다.**

📑 9.5

학생 프라이버시권
보호

ⓠ 초등학생의 프라이버시권은 어떻게 보호되며, 교사는 이를 위해 어떤 주의를 기울여야 하나요?

Ⓐ 초등학생의 프라이버시권 보호는 교육 현장에서 매우 중요한 문제입니다. 주요 내용은 다음과 같습니다.

1. 법적 근거

- 개인정보 보호법
- 교육기본법
- 초·중등교육법

2. 보호 대상 정보

- 학생의 개인식별정보 (이름, 주민등록번호 등)
- 학업성적 및 생활기록부 정보
- 건강 및 상담 관련 정보
- 가정환경 등 민감한 개인정보

3. 교사의 주의사항

- 학생 정보의 수집 시 필요 최소한의 정보만 수집
- 학부모 동의 없이 학생 정보를 제3자에게 제공 금지
- 학생 개인정보가 포함된 자료의 안전한 보관 및 관리
- SNS 등에 학생 관련 정보 무단 게시 금지

4. 학생 프라이버시 보호 방안

- 정기적인 개인정보 보호 교육 실시
- 학생 정보 접근 권한 제한 및 관리
- 개인정보 유출 사고 대응 매뉴얼 마련

예시사례

- 최근, A초등학교에서 교사가 학급 단체사진을 개인 SNS에 무단 게시하여 문제가 된 사례가 있었습니다. 이후 해당 학교는 교사들을 대상으로 학생 프라이버시 보호 교육을 강화했습니다.
- 최근, B초등학교는 학생들의 개인정보 보호를 위해 학급 명렬표에서 주민등록번호 뒷자리를 삭제하고, 생년월일만 기재하는 방식으로 변경했습니다.

관련 법령 안내

1. 개인정보 보호법
2. 교육기본법 제23조의3 학생정보의 보호원칙
3. 초·중등교육법 제30조의6 학생 관련 자료 제공의 제한

📄 학생 개인정보가 포함된 문서는 잠금장치가 있는 곳에 보관하세요.

📄 학생 정보를 담은 디지털 파일은 비밀번호를 설정하여 관리하세요.

📄 학부모와의 상담 내용은 비밀이 보장되는 장소에서 진행하세요.

📄 학생 관련 정보를 공유해야 할 경우, 반드시 사전에 학부모 동의를 받으세요.

초등교사를 위한 조언

선생님들, 학생들의 프라이버시 보호는 우리의 중요한 책임입니다. 학생 개개인의 정보를 소중히 다루고, 불필요한 정보 공유를 자제해주세요. 학생들의 프라이버시를 존중함으로써 우리는 그들에게 신뢰받는 교육자가 될 수 있습니다. **항상 주의를 기울이고, 의문이 생기면 주저하지 말고 관리자나 동료와 상의하세요.**

학생 차별 금지와
평등권

Ⓠ 초등학교에서 학생 차별 금지와 평등권 보장을 위해 어떤 법적 근거와 실천 방안이 있나요?

Ⓐ 초등학교에서 학생 차별 금지와 평등권 보장은 헌법과 교육 관련 법령에 의해 보장되며, 다음과 같은 내용을 포함합니다.

1. 법적 근거

- 헌법 제11조 모든 국민은 법 앞에 평등하며, 교육에서 차별받지 않을 권리를 가집니다.
- 교육기본법 제4조 모든 국민은 성별, 종교, 신념, 인종 등을 이유로 교육에서 차별받지 않습니다.

2. 차별 금지 영역

- 입학 및 전학
- 교육과정 운영
- 학생 평가
- 학교 활동 참여

3. 평등권 보장 방안

- 다양성 존중 교육 실시
- 교사의 인권 감수성 향상 연수
- 차별 사건 발생 시 신속한 대응 체계 구축

4. 특별 보호 대상

- 장애 학생
- 다문화 가정 학생
- 탈북 학생

예시사례

최근, A초등학교에서는 다문화 가정 학생들의 학교 적응을 돕기 위해 멘토링 프로그램을 도입하여 평등한 교육 기회를 제공한 사례가 있었습니다.

관련 법령 안내

1. 헌법 제11조 평등권 보장
2. 교육기본법 제4조 교육의 기회균등 등
3. 장애인 등에 대한 특수교육법 제4조 차별의 금지

실무 팁!

📄 학급 운영 시 모든 학생에게 공평한 기회를 제공하세요.

📄 차별적 언어나 행동에 민감하게 반응하고 즉시 교정하세요.

📄 학생들의 다양한 배경을 이해하고 존중하는 분위기를 조성하세요.

선생님들, 우리 교실은 모든 학생이 평등하게 대우받고 자신의 잠재력을 발휘할 수 있는 공간이어야 합니다. 학생들의 다양성을 인정하고 존중하는 태도를 보여주세요. 작은 **관심과 배려가 학생들의 인생을 바꿀 수 있습니다.**

학생 참여권과
학교 운영

Q 초등학교에서 학생들의 참여권은 어떻게 보장되며, 학교 운영에 어떤 방식으로 참여할 수 있나요?

A 초등학교에서 학생들의 참여권과 학교 운영 참여는 다음과 같이 이루어집니다.

1. 학생자치활동

- 학생회, 학급회의 등을 통해 학교 생활과 관련된 의견을 제시할 수 있습니다.
- 학생들이 직접 행사를 기획하고 운영하는 기회를 제공합니다.

2. 학교운영위원회 참여

- 일부 학교에서는 학생 대표가 학교운영위원회에 참관하거나 의견을 제시할 수 있습니다.
- 학생 관련 안건에 대해 학생들의 의견을 수렴하여 반영합니다.

3. 교육과정 운영 참여

- 학생들의 관심사를 반영한 선택적 교육활동을 운영합니다.
- 학생 주도 프로젝트 학습 등을 통해 학습 과정에 적극 참여합니다.

4. 학교 규칙 제정 참여

- 학교생활규정 개정 시 학생들의 의견을 수렴합니다.
- 학생 자치회를 통해 규칙 개정안을 제안할 수 있습니다.

예시사례

최근, A초등학교에서는 학생들이 직접 제안한 '친환경 학교 만들기' 프로젝트가 학교 정책으로 채택되어 실행되었습니다. 학생들은 분리수거 개선, 에너지 절약 캠페인 등을 주도적으로 진행했습니다.

관련 법령 안내

1. 초 · 중등교육법 제17조 학생자치활동
2. 초 · 중등교육법 시행령 제30조 학생자치활동의 보장

실무 팁!

📄 학생들의 의견을 정기적으로 수렴할 수 있는 창구를 마련하세요.

📄 학생 주도 활동에 대해 적절한 지도와 지원을 제공하세요.

📄 학생들의 제안을 긍정적으로 검토하고, 실현 가능성을 함께 논의하세요.

초등교사를 위한 조언

선생님들, 학생들의 참여는 민주시민 교육의 첫걸음입니다. 학생들의 목소리에 귀 기울이고, 그들의 아이디어를 존중해주세요. 작은 참여 경험이 미래의 책임감 있는 시민을 키웁니다. **학생들과 함께 더 나은 학교를 만들어가는 과정을 즐겨보세요.**

📑 9.8

학생의 학습권과
교사의 의무

Q 학생의 학습권은 어떻게 보장되며, 이와 관련된 교사의 의무는 무엇인가요?

A 학생의 학습권은 헌법과 교육 관련 법령에 의해 보장되며, 교사는 이를 실현하기 위한 다양한 의무를 지닙니다.

1. 학생의 학습권

- 헌법 제31조에 따라 모든 국민은 능력에 따라 균등하게 교육받을 권리가 있습니다.
- 교육기본법 제3조는 모든 국민의 평생교육 기회를 보장합니다.

2. 교사의 의무

- 학생의 학습권 보장을 위한 수업 준비와 실행
- 학생 개개인의 특성을 고려한 맞춤형 교육 제공
- 공정한 평가와 피드백 제공
- 안전하고 건강한 학습 환경 조성

┌─ **예시사례** ─────────────────────

- 최근, 한 초등학교에서 학습 부진 학생들을 위한 맞춤형 학습

프로그램을 개발하여 학생들의 기초학력 향상에 기여한 사례가 있었습니다.

- 최근, 코로나19 상황에서 원격수업 중 학습 소외 계층 학생들을 위해 교사들이 개별 방문 지도를 실시한 사례가 있었습니다.
- 최근, 특수교육 대상 학생의 학습권 보장을 위해 일반 학급 교사와 특수교사가 협력하여 통합교육 모델을 개발한 사례가 있었습니다.

관련 법령 안내

1. 헌법 제31조 교육받을 권리
2. 교육기본법 제3조 학습권
3. 초·중등교육법 제20조 교직원의 임무
4. 장애인 등에 대한 특수교육법 제4조 차별의 금지

실무 팁!

📑 학생 개개인의 학습 수준과 특성을 파악하고 이에 맞는 교육 방법을 적용하세요.

📑 학습 부진 학생에 대한 추가적인 지원 방안을 마련하세요.

📑 학부모와의 소통을 통해 가정에서의 학습 지원을 독려하세요.

📑 특수교육 대상 학생이 있는 경우, 특수교사와 긴밀히 협력하세요.

초등교사를 위한 조언

선생님들, 모든 학생은 균등한 교육 기회를 받을 권리가 있습니다. 우리의 역할은 이 권리가 실현될 수 있도록 최선을 다하는 것입니다. 학생 개개인의 특성과 상황을 고려한 맞춤형 교육을 제공하고, 누구도 소외되지 않도록 노력해주세요. **학생의 학습권 보장은 곧 우리의 교육권 실현과 직결됩니다.**

📑 9.9
학교 폭력
예방과 대응

ⓠ 초등학교에서 학교폭력을 예방하고 대응하기 위한 최신 정책과 교사의 역할은 무엇인가요? 학교폭력 전담관 제도는 어떻게 운영되나요?

ⓐ 학교폭력 예방과 대응을 위한 최신 정책과 교사의 역할은 다음과 같습니다.

1. 학교폭력 예방 교육 강화

- 학기별 1회 이상 의무적으로 학교폭력 예방 교육을 실시해야 합니다.
- 학생, 교직원, 보호자를 대상으로 맞춤형 예방 교육을 제공합니다.

2. 학교폭력대책심의위원회 운영

- 교육지원청 단위로 심의위원회를 설치하여 전문성과 객관성을 높입니다.
- 경미한 사안은 학교장 자체 해결제를 통해 신속하게 처리합니다.

3. 피해학생 보호 및 가해학생 선도

- 피해학생에게 상담, 일시보호, 치료 등 종합적인 지원을 제공합니다.

- 가해학생에게는 교육, 상담 프로그램을 제공하여 재발을 방지합니다.

4. 학교폭력 전담관 제도 운영

- 교육지원청에 학교폭력 전담관을 배치하여 전문적인 대응을 강화합니다.
- 전담관은 학교폭력 사안 조사, 피해학생 보호, 가해학생 선도 등을 지원합니다.
- 학교와 교육지원청 간 연계를 강화하여 효과적인 대응 체계를 구축합니다.

예시사례

최근, A초등학교에서는 학급별로 '친구 사랑의 날'을 지정하여 또래 간 긍정적 관계 형성을 위한 활동을 실시했습니다. 이를 통해 학교폭력 신고 건수가 전년 대비 30% 감소하는 효과를 보였습니다.

관련 법령 안내

1. 학교폭력예방 및 대책에 관한 법률
2. 초 · 중등교육법 제18조의4 학생의 인권보장 등
3. 아동복지법 제31조 아동의 안전에 대한 교육

실무 팁!

📋 학급 내 소그룹 활동을 통해 학생들 간의 유대감을 강화하세요.

📋 학부모와의 정기적인 소통으로 가정에서의 예방 교육을 독려하세요.

📄 학교폭력 관련 최신 연수를 이수하여 전문성을 높이세요.

📄 학교폭력 전담관과 긴밀히 협력하여 사안 발생 시 신속하고 전문적인 대응을
하세요.

초등교사를 위한 조언

선생님들, 학교폭력 예방은 우리 모두의 책임입니다. 일상적인
학급 운영에서 학생들의 작은 변화도 놓치지 말고 관심을 기울
여주세요. 또한, 평화로운 학급 문화를 만들기 위해 노력하는
것이 가장 효과적인 예방책임을 기억해주세요. **학교폭력 문제는
혼자 해결하려 하지 말고, 동료 교사, 전문상담교사, 학교관리
자, 그리고 학교폭력 전담관과 협력하여 대응해 나가는 것이 중
요합니다.**

🗒 9.10

특수교육 대상
학생의 권리

ⓠ **특수교육 대상 학생의 권리는 어떻게 보장되며, 교사는 이를 위해 어떤 노력을 해야 하나요?**

🇦 **특수교육 대상 학생의 권리는 법적으로 보장되며, 교사는 이를 실현하기 위해 다양한 노력을 해야 합니다.**

1. 교육받을 권리

- 특수교육 대상 학생은 개별화교육계획(IEP)에 따라 적절한 교육을 받을 권리가 있습니다.
- 교사는 학생의 특성과 요구에 맞는 맞춤형 교육을 제공해야 합니다.

2. 차별금지

- 장애를 이유로 한 모든 형태의 차별이 금지됩니다.
- 교사는 학급 내 모든 학생들에게 평등한 기회를 제공해야 합니다.

3. 통합교육

- 가능한 한 일반 학급에서 또래와 함께 교육받을 권리가 있습니다.

- 교사는 특수교육 대상 학생의 통합교육을 위해 학급 환경을 조성해야 합니다.

4. 보조공학기기 지원

- 학습에 필요한 보조공학기기를 지원받을 권리가 있습니다.
- 교사는 학생에게 필요한 보조공학기기를 파악하고 활용을 지원해야 합니다.

5. 진로 및 직업교육

- 적절한 진로 및 직업교육을 받을 권리가 있습니다.
- 교사는 학생의 적성과 능력에 맞는 진로 지도를 제공해야 합니다.

예시사례

최근, A초등학교에서는 특수교육 대상 학생을 위한 통합교육 프로그램을 도입하여 일반 학급 교사와 특수교사가 협력하여 수업을 진행했습니다. 이를 통해 특수교육 대상 학생의 학습 참여도와 사회성이 크게 향상되었습니다.

관련 법령 안내

1. 장애인 등에 대한 특수교육법 제4조 차별의 금지
2. 장애인 등에 대한 특수교육법 제21조 통합교육
3. 장애인 등에 대한 특수교육법 제28조 특수교육 관련서비스

실무 팁!

📄 특수교육 대상 학생의 개별화교육계획(IEP)을 숙지하고 이를 수업에 반영하세요.

📄 일반 학생들에게 장애 이해 교육을 실시하여 통합교육 환경을 조성하세요.

📄 특수교사와 정기적으로 소통하여 학생의 진전 상황을 공유하고 협력하세요.

초등교사를 위한 조언

선생님들, 특수교육 대상 학생도 우리 학급의 소중한 구성원입니다. 이들의 권리를 존중하고 개개인의 잠재력을 최대한 발휘할 수 있도록 지원해주세요. 모든 학생이 함께 성장할 수 있는 포용적인 교실 문화를 만들어가는 것이 우리의 역할입니다. 그러나 **통합교육수당에 대한 관심도 가져주세요.**

교사가 행복해야
학생도 행복해집니다.

10장

교육 관련법규와 정책

교육기본법의
주요 내용

Ⓠ **교육기본법의 핵심 내용은 무엇이며, 초등교사에게 어떤 의미가 있나요?**

Ⓐ **교육기본법은 대한민국 교육의 기본 이념과 원칙을 규정하는 법률로, 초등 교사의 교육활동에 중요한 지침이 됩니다. 주요 내용은 다음과 같습니다.**

1. 교육이념

- 홍익인간의 이념 아래 모든 국민의 인격 도야와 자주적 생활능력 함양을 목표로 합니다.

2. 교육의 기회균등

- 성별, 종교, 신념, 사회적 신분 등에 따른 차별 없이 모든 국민에게 균등한 교육 기회를 보장합니다.

3. 학습권

- 모든 국민은 평생에 걸쳐 학습하고 교육받을 권리를 가집니다.

4. 교육의 중립성

- 교육은 정치적, 파당적 또는 개인적 편견을 전파하기 위한 방편으로 이용되어서는 안 됩니다.

5. 교원의 전문성 존중

- 교원의 전문성은 존중되며, 교원의 경제적·사회적 지위는 우대
  되어야 합니다.

예시사례

- 최근, A초등학교에서는 교사의 전문성을 존중하고 자율성을
  보장하기 위해 '교사 주도 교육과정 재구성 프로젝트'를 실시
  했습니다. 이 프로젝트를 통해 교사들은 국가 수준의 교육과
  정을 기반으로 하되, 학교와 학급의 특성에 맞게 교육내용과
  방법을 자율적으로 구성할 수 있었습니다. 그 결과, 교사들의
  수업 만족도가 크게 향상되었고, 학생들의 학습 참여도와 성
  취도도 높아졌습니다. 이는 교육기본법에서 강조하는 교원의
  전문성 존중 원칙이 실제 교육 현장에서 어떻게 구현될 수 있
  는지를 보여주는 좋은 사례입니다.
- 최근, 선거법 위반으로 벌금형을 받은 교사가 있습니다. 교육
  의 중립성 원칙이 때로는 잘못 해석되어 교사들의 교육활동
  을 과도하게 제한하는 경우가 있습니다. 교육의 중립성은 다
  양한 관점을 균형 있게 제시하고, 학생들의 비판적 사고를 촉
  진하는 것을 의미하며, 교사의 모든 의견 표현을 억제하는 것
  이 아니므로 개선되어야 합니다.

관련 법령 안내

1. 교육기본법 제2조 교육이념
2. 교육기본법 제4조 교육의 기회균등
3. 교육기본법 제14조 교원

초등교사를 위한 조언

선생님들, 교육기본법은 우리 교육활동의 근간이 되는 법률입니다. 이 법의 정신을 이해하고 실천하는 것이 중요합니다. 특히 교육의 중립성과 기회균등 원칙을 항상 염두에 두고 학생들을 지도해 주세요. 교육의 중립성이 여러분의 전문성과 자율성을 제한하는 것이 아니라, 오히려 다양한 관점을 균형 있게 제시할 수 있는 권리를 보장한다는 점을 기억하세요. **여러분의 전문성이 존중받아야 한다는 점을 인식하고, 자신의 교육 철학과 방법을 끊임없이 발전시켜 나가시기 바랍니다.**

초 · 중등교육법
해설

Q 초 · 중등교육법의 주요 내용은 무엇이며, 초등교사에게 어떤 의미가 있나요?

A 초 · 중등교육법은 초등학교, 중학교, 고등학교 교육에 관한 기본적인 사항을 규정하는 법률입니다. 주요 내용은 다음과 같습니다.

1. 학교의 종류와 설립

- 초등학교, 중학교, 고등학교, 특수학교 등의 설립 기준을 규정합니다.

2. 의무교육

- 초등학교와 중학교 과정의 의무교육을 명시합니다.

3. 교원의 자격과 임무

- 교사의 자격 요건과 주요 임무를 규정합니다.

4. 교육과정

- 국가 수준의 교육과정 기준을 제시합니다.

5. 학생의 권리와 의무

- 학생의 학습권, 징계 절차 등을 규정합니다.

6. 학교 운영

- 학교운영위원회, 학교회계 등 학교 운영에 관한 사항을 다룹니다. 특히, 초·중등교육법 제20조는 교직원의 임무에 대해 상세히 규정하고 있습니다.
- 교장 교무를 통할하고, 소속 교직원을 지도·감독하며, 학생을 교육함
- 교감 교장을 보좌하며, 교장이 부득이한 사유로 직무를 수행할 수 없을 때 그 직무를 대행함
- 교사 법령에서 정하는 바에 따라 학생을 교육함
- 행정직원 등 학교의 행정사무와 그 밖의 사무를 담당함

예시사례

최근, A초등학교에서는 교사들에게 과도한 행정업무가 부과되어 문제가 되었습니다. 이는 초·중등교육법 제20조에 명시된 교사의 임무인 "학생을 교육함"에 집중하지 못하게 하는 요인으로 지적되었습니다.

관련 법령 안내

1. 초·중등교육법 제20조 교직원의 임무
2. 초·중등교육법 제23조 교육과정 등

실무 팁!

📑 교육과정 운영 시 초·중등교육법의 기본 원칙을 참고하세요.

📑 학생 징계 절차를 숙지하고, 법에 명시된 절차를 준수하세요.

📑 과도한 행정업무 부과 시, 법령에 근거하여 개선을 요구할 수 있습니다.

초등교사를 위한 조언

선생님들, 초·중등교육법은 우리 교육활동의 법적 근거입니다. 이 법을 잘 이해하면 교육활동에 더 자신감을 가질 수 있습니다. 특히 제20조에 명시된 교사의 임무를 숙지하여, 본연의 교육활동에 집중할 수 있도록 노력해주세요. **과도한 행정업무로 어려움을 겪고 계신다면, 이 법령을 근거로 개선을 요구할 수 있습니다.**

교육공무원법의
핵심 사항

ⓠ 교육공무원법의 주요 내용은 무엇이며, 초등교사에게 어떤 의미가 있나요?

🅐 교육공무원법은 교육공무원의 자격, 임용, 보수, 연수, 신분보장 등에 관한 사항을 규정하는 법률입니다. 주요 내용은 다음과 같습니다.

1. 자격 및 임용
- 교육공무원의 자격 기준을 명시합니다.
- 공개전형을 통한 임용 원칙을 규정합니다.

2. 보수 및 연수
- 교육공무원의 보수 결정 원칙을 제시합니다.
- 연수 기회 균등과 연수 의무를 규정합니다.

3. 신분보장
- 교육공무원의 신분 보장과 그 제한 사항을 명시합니다.
- 휴직, 직위해제, 징계 등에 관한 사항을 규정합니다.

4. 교육 전문성
- 교육공무원의 전문성 신장을 위한 지원 사항을 포함합니다.

5. 복무 및 근무조건

- 교육공무원의 복무 규정과 근무조건 개선에 관한 사항을 다룹니다.

예시사례

최근, 교육부는 교육공무원법 개정을 통해 교원의 근무시간 외 업무 부담을 줄이고 교육활동 중심의 근무 여건을 조성하기 위한 '교원 근무시간 적정화 방안'을 도입했습니다. 이 방안에는 교사들의 행정업무 경감, 방과후 활동 운영 개선, 그리고 연가 사용 활성화 등이 포함되었습니다. 특히, 초등교사들의 경우 수업 준비와 학생 지도에 더 많은 시간을 할애할 수 있도록 하여 교육의 질 향상을 도모했습니다.

관련 법령 안내

1. 교육공무원법 제10조 임용의 원칙
2. 교육공무원법 제38조 연수와 교재비
3. 교육공무원법 제43조 교권의 존중과 신분보장

실무 팁!

📄 교육공무원법의 주요 내용을 숙지하여 자신의 권리와 의무를 정확히 이해하세요.

📄 법 개정 사항을 주기적으로 확인하여 최신 정보를 유지하세요.

📄 신분 보장과 관련된 조항을 특히 주의 깊게 살펴보세요.

선생님들, 교육공무원법은 우리의 직업적 권리와 의무를 규정하는 중요한 법률입니다. 이 법을 잘 이해하면 더 나은 교육 환경을 만들고 우리의 권리를 지킬 수 있습니다. 특히 신분 보장과 전문성 개발에 관한 조항을 잘 활용하여 안정적이고 발전적인 교직 생활을 영위하시기 바랍니다. **또한, 근무조건 개선에 관한 최근의 변화를 주목하고 적극적으로 활용하여 교육활동에 더욱 집중할 수 있는 환경을 만들어가세요.**

📃 10.4
사립학교법의
특수성

사립학교법은 사립학교의 특수성을 반영하여 제정된 법률로, 국공립학교와는 다른 운영 방식과 법적 지위를 규정하고 있습니다. 주요 특징은 다음과 같습니다

1. 학교법인 제도

- 사립학교는 학교법인이 설립·경영합니다.
- 학교법인은 비영리법인으로, 교육 목적 외의 사업을 할 수 없습니다.

2. 자율성과 공공성의 조화

- 사립학교의 자율적 운영을 보장하면서도 공교육기관으로서의 공공성을 유지해야 합니다.

3. 교원의 지위

- 사립학교 교원은 사립학교법에 따라 임용되며, 신분보장 등에서 국공립 교원과 유사한 지위를 가집니다.

4. 재정 운영

- 국가나 지방자치단체로부터 보조금을 받을 수 있으며, 이에 따른 감독을 받습니다.

5. 학교운영위원회

- 국공립학교와 달리 자문기구로 운영되며, 학교의 특성에 맞게 구성할 수 있습니다.

예시 사례

- 최근, A사립초등학교는 학교법인의 결정으로 특성화 교육과정을 도입하려 했으나, 교육청의 지적으로 국가 교육과정의 틀 안에서 수정하여 운영하게 되었습니다. 이는 사립학교의 자율성과 공공성이 조화를 이루어야 함을 보여주는 사례입니다.
- 최근, B사립초등학교에서 교사 채용 과정에서 불공정 의혹이 제기되었습니다. 교육청의 감사 결과, 학교법인의 인사권은 인정되었지만 공정성 확보를 위한 제도 개선을 권고받았습니다. 이는 사립학교의 자율성과 공공성 사이의 균형을 조정한 사례입니다.

관련 법령 안내

1. 사립학교법 제1조 목적
2. 사립학교법 제10조 설립허가
3. 사립학교법 제14조 임원

📄 사립학교 교사로서 학교의 특수성을 이해하되, 공교육 담당자로서의 책임도 인식하세요.

📄 학교법인의 결정사항이 교육 관련 법령에 부합하는지 항상 확인하세요.

📄 교육청의 지도·감독 사항을 숙지하고, 필요시 자문을 구하세요.

초등교사를 위한 조언

선생님들, 사립학교에서 근무하시는 분들은 학교의 특수성을 이해하면서도 공교육 담당자로서의 역할을 잊지 마세요. 사립학교법의 특성을 잘 파악하고 활용하면, 더 창의적이고 효과적인 교육활동을 펼칠 수 있습니다. **하지만 동시에 공공성과 책임감도 항상 염두에 두어야 합니다.**

학교폭력예방법의
실제 적용

학교폭력예방법은 학교폭력 문제에 대한 체계적인 대응과 예방을 위해 마련된 법률로, 실제 교육 현장에서 다음과 같이 적용되고 있습니다

1. 학교폭력 예방 교육

- 학기별로 학생, 교직원, 학부모를 대상으로 의무적으로 실시합니다.
- 학교폭력의 유형, 대처 방법, 신고 절차 등에 대한 내용을 포함합니다.

2. 학교폭력대책심의위원회 운영

- 교육지원청 단위로 설치되어 학교폭력 사안을 심의합니다.
- 피해학생 보호, 가해학생 선도·교육 조치 등을 결정합니다.

3. 피해학생 보호 조치

- 심리상담 및 조언, 일시보호, 치료 및 치료를 위한 요양, 학급교체 등의 조치를 취합니다.
- 피해학생의 신속한 회복을 위해 즉각적인 조치를 취합니다.

4. 가해학생 선도 · 교육 조치

- 서면사과, 접촉 · 협박 금지, 학교봉사, 사회봉사, 특별교육 이수 등의 조치를 취합니다.
- 재발 방지와 가해학생의 선도에 중점을 둡니다.

5. 학교전담경찰관 제도

- 학교와 경찰이 협력하여 학교폭력 예방 및 대응 활동을 수행합니다.
- 학교폭력 신고 접수, 상담, 순찰 등의 업무를 담당합니다.

예시사례

최근, A초등학교에서 발생한 집단 따돌림 사건에 대해 학교폭력대책심의위원회가 열렸습니다. 위원회는 가해학생들에게 학교봉사와 특별교육 이수 조치를, 피해학생에게는 심리상담 지원을 결정했습니다. 이후 학교는 전체 학생들을 대상으로 학교폭력 예방 교육을 강화했습니다.

관련 법령 안내

1. 학교폭력예방 및 대책에 관한 법률 제9조 학교폭력대책지역위원회의 설치
2. 동법 제16조 피해학생의 보호
3. 동법 제17조 가해학생에 대한 조치

실무 팁!

📄 학교폭력 징후를 조기에 발견할 수 있도록 학생들을 세심히 관찰하세요.

📄 학교폭력 사안 발생 시 즉시 학교폭력 전담기구에 보고하고 절차에 따라 대응하세요.

📄 피해학생과 가해학생 모두에게 적절한 상담과 지원이 이루어지도록 관심을 기울이세요.

초등교사를 위한 조언

선생님들, 학교폭력은 조기 발견과 신속한 대응이 중요합니다. 평소 학생들과의 신뢰 관계를 구축하고, 작은 변화도 놓치지 않도록 주의를 기울이세요. **학교폭력예방법의 절차를 숙지하고, 필요시 즉각적으로 적용하여 안전한 학교 환경을 만드는 데 기여해주시기 바랍니다.**

교육과정 정책의
변화와 전망

Ⓠ 초등교육 과정 정책은 어떻게 변화해왔으며, 향후 전망은 어떠한가요?

Ⓐ 초등교육 과정 정책은 시대적 요구와 교육 환경의 변화에 따라 지속적으로
발전해왔습니다. 최근의 주요 변화와 향후 전망은 다음과 같습니다.

1. 역량 중심 교육과정 강화

- 2015 개정 교육과정부터 핵심역량 개념이 도입되었습니다.
- 미래사회에 필요한 역량을 키우는 데 중점을 둡니다.

2. 학생 중심의 맞춤형 교육

- 학생의 개별적 특성과 필요를 고려한 교육과정 운영이 강조됩니다.
- 선택형 교육과정의 확대가 예상됩니다.

3. 디지털 리터러시 교육 강화

- AI, 빅데이터 등 신기술 관련 내용이 교육과정에 반영됩니다.
- 온라인 학습 플랫폼의 활용이 증가할 것으로 예상됩니다.

4. 융합교육 확대

- STEAM 교육 등 교과 간 융합이 더욱 강조될 전망입니다.
- 실생활 문제 해결 중심의 프로젝트 학습이 확대될 것으로 보입니다.

5. 글로벌 시민교육 강화

- 세계시민으로서의 소양을 기르는 교육 내용이 확대됩니다.
- 다문화 이해, 지속가능발전 교육 등이 강조될 것입니다.

예시사례

- 최근, A초등학교는 'AI 기반 개별화 학습 시스템'을 도입하여 학생들의 학습 수준과 속도에 맞는 맞춤형 교육을 실시했습니다. 이를 통해 학생들의 학업 성취도가 향상되고, 자기주도적 학습 능력이 증진되는 효과를 보였습니다.
- 최근, B초등학교는 '글로벌 시민 프로젝트'를 통해 학생들이 국제 이슈에 대해 탐구하고 해결방안을 모색하는 수업을 진행했습니다. 이 과정에서 학생들은 여러 교과의 지식을 융합적으로 활용하며, 세계시민으로서의 역량을 키울 수 있었습니다.

관련 법령 안내

1. 초중등교육법 제23조 제2항 교육과정 영향 사전협의
2. 국가교육위원회법 부칙 제4조 국가교육과정의 기준과 내용 수립 등에 관한 특례
3. 교육과정 고시(교육부 고시)

📄 교육과정 정책 변화에 대한 최신 동향을 지속적으로 파악하세요.

📄 새로운 교육 방법과 기술을 적극적으로 학습하고 적용해 보세요.

📄 학생 중심, 역량 중심의 수업 설계를 위해 동료 교사들과 협력하세요.

초등교사를 위한 조언

선생님들, 교육과정 정책의 변화는 우리 교육 현장을 더욱 풍성하게 만들 기회입니다. 새로운 변화를 두려워하지 말고, 학생들에게 가장 필요한 것이 무엇인지 고민하며 창의적으로 적용해 나가세요. 우리의 작은 시도들이 모여 미래 교육의 큰 그림을 완성할 것입니다.

학생평가
정책의 동향

Ⓠ 최근 초등학교 학생평가 정책의 주요 동향은 무엇이며, 어떤 변화가 있었
나요?

Ⓐ 초등학교 학생평가 정책은 최근 몇 년간 큰 변화를 겪었습니다. 주요 동향은
다음과 같습니다.

1. 과정 중심 평가 강화

- 학습의 결과뿐만 아니라 과정을 중요시하는 평가 방식으로 전
  환되고 있습니다.
- 수행평가, 프로젝트 학습, 포트폴리오 등 다양한 평가 방법이
  활용됩니다.

2. 서술형 · 논술형 평가 확대

- 단순 암기식 평가에서 벗어나 학생의 사고력과 표현력을 평가하
  는 방식으로 변화하고 있습니다.
- 주관식 문항의 비중이 늘어나고 있습니다.

3. 성장 중심 평가

- 학생 개개인의 성장과 발달에 초점을 맞춘 평가가 강조됩니다.

- 절대평가 방식을 통해 학생의 개별적 성취를 평가합니다.

4. 학교 자율성 확대

- 각 학교의 특성과 상황에 맞는 평가 방식을 선택할 수 있는 자율권이 확대되고 있습니다.

5. 디지털 기반 평가 도입

- 온라인 평가 시스템, AI 기반 평가 도구 등 새로운 기술을 활용한 평가 방식이 도입되고 있습니다.

예시사례

- 최근, 교육부는 '초등학교 학생평가 개선 방안'을 발표하여 서술형·논술형 평가 비중을 50% 이상으로 확대하고, 과정 중심 평가를 강화하는 정책을 시행했습니다.
- 최근, 서울시교육청은 초등학교 1~2학년 대상으로 '평가 없는 학교' 시범 사업을 실시하여, 기존의 지필평가 대신 관찰과 상담을 통한 성장 중심 평가를 진행했습니다.

관련 법령 안내

1. 초 · 중등교육법 제9조 학생 · 기관 · 학교 평가
2. 초 · 중등학교 교육과정 총론(교육부 고시)
3. 각 시도교육청의 학업성적 관리 지침

실무 팁!

📄 학교의 평가 정책을 정확히 이해하고, 동료 교사들과 평가 방식에 대해 지속적으로 논의하세요.

📄 다양한 평가 도구와 방법을 연구하고 적용해 보세요.

📄 학생과 학부모에게 새로운 평가 방식에 대해 충분히 설명하고 이해를 구하세요.

📄 평가 결과를 학생의 성장을 위한 피드백으로 활용하세요.

초등교사를 위한 조언

선생님들, 학생평가는 단순히 성적을 매기는 것이 아니라 학생의 성장을 돕는 도구입니다. 새로운 평가 정책의 취지를 이해하고, 학생 개개인의 발전을 위해 다양한 평가 방법을 시도해 보세요. **평가 결과를 통해 우리의 교육 방식도 함께 개선해 나갈 수 있습니다.**

📋 10.8
교원 연수 및
전문성 개발 정책

ⓠ 초등교사의 연수 및 전문성 개발을 위한 정책에는 어떤 것들이 있으며, 어떻게 운영되고 있나요?

Ⓐ 초등교사의 연수 및 전문성 개발을 위한 정책은 다음과 같이 구성되어 있습니다.

1. 법적 근거

- 교육공무원법 제38조는 교원의 연수 기회 균등을 규정하고 있습니다.
- 교원 등의 연수에 관한 규정에서 연수의 세부사항을 다루고 있습니다.

2. 연수의 유형

- 자격연수 1급 정교사 자격 취득을 위한 연수
- 직무연수 직무 수행에 필요한 능력 배양을 위한 연수
- 특별연수 교육정책 이해 및 국내외 교육 동향 파악을 위한 연수

3. 연수 이수 시간

- 교사들은 일정 기간 동안 의무적으로 연수를 이수해야 합니다.
- 보통 4년마다 60시간 이상의 연수를 받아야 합니다.

4. 교사 학습공동체 지원

- 교사들의 자발적인 학습모임을 장려하고 지원하는 정책이 시행되고 있습니다.

┌─ **예시사례** ─────────────

- 최근, A교육청은 '교사 맞춤형 연수 시스템'을 도입하여 개별 교사의 관심사와 필요에 맞는 연수 과정을 추천하고 이수할 수 있도록 했습니다.
- 최근, B초등학교에서는 교내 교사 학습공동체 활동을 활성화하여 주 1회 정기적인 모임을 통해 수업 연구와 교육과정 재구성 활동을 진행했습니다.

관련 법령 안내

1. 교육공무원법 제38조 연수의 기회균등
2. 교원 등의 연수에 관한 규정
3. 교원 연수 이수 실적의 기록 및 관리 요령(교육부 지침)

실무 팁!

📄 연수 이수 시간을 정기적으로 확인하고 계획적으로 연수에 참여하세요.
📄 학교나 교육청에서 제공하는 연수 정보를 주기적으로 확인하세요.

📄 온라인 연수 플랫폼을 활용하여 시간과 장소에 구애받지 않고 연수를 받으세요.

📄 동료 교사들과 학습공동체를 구성하여 함께 성장하는 기회를 만드세요.

초등교사를 위한 조언

선생님들, 연수와 전문성 개발은 우리 교육의 질을 높이는 핵심입니다. 단순히 의무적인 시간 채우기가 아닌, 진정한 성장의 기회로 삼으세요. 다양한 연수 프로그램과 학습공동체 활동에 적극 참여하여 새로운 교육 트렌드를 익히고, 여러분의 교육 철학을 발전시켜 나가세요. 우리의 성장은 곧 학생들의 성장으로 이어집니다.

특수교육법과
통합교육 정책

ⓠ 특수교육법과 통합교육 정책의 주요 내용은 무엇이며, 초등교사에게 어떤 의미가 있나요?

Ⓐ 특수교육법과 통합교육 정책은 장애학생의 교육권을 보장하고 일반학생과의 통합교육을 촉진하기 위한 법적, 제도적 기반입니다. 주요 내용은 다음과 같습니다.

1. 특수교육대상자 선정
- 장애유형과 장애정도에 따라 특수교육대상자를 선정합니다.
- 선정된 학생에게는 개별화교육계획(IEP)을 수립하여 제공합니다.

2. 통합교육 원칙
- 특수교육대상자를 최대한 일반학교와 일반학급에서 교육하도록 합니다.
- 필요한 경우 특수학급이나 특수학교에서 교육받을 수 있습니다.

3. 교육지원
- 특수교육 보조인력, 학습보조기기, 교구 등을 지원합니다.
- 통합학급 교사에 대한 연수와 컨설팅을 제공합니다.

4. 차별금지와 정당한 편의제공

- 장애를 이유로 한 입학 거부나 차별을 금지합니다.
- 학습, 생활, 평가 등에서 정당한 편의를 제공해야 합니다.

5. 통합학급 담임교사 지원

- 통합학급을 담당하는 교사들의 업무 부담을 고려하여 적절한 보상과 지원이 필요합니다.
- 현재 통합학급 수당이 없어 많은 교사들이 어려움을 겪고 있으며, 이에 대한 개선이 시급합니다.

예시사례

최근, A초등학교에서는 통합학급 담임교사들의 요구를 반영하여 학교 자체적으로 업무 경감 조치를 시행했습니다. 행정업무 축소, 수업 준비 시간 확대 등의 조치를 통해 교사들의 만족도가 크게 향상되었습니다. 그러나 여전히 재정적 보상의 부재로 인해 많은 교사들이 통합학급 담임을 기피하는 현상이 지속되고 있습니다.

관련 법령 안내

1. 초·중등교육법 제28조 학업에 어려움을 겪는 학생에 대한 교육
2. 장애인 등에 대한 특수교육법
3. 장애인차별금지 및 권리구제 등에 관한 법률

실무 팁!

📄 특수교육대상 학생의 개별화교육계획(IEP)을 숙지하고 이행하세요.

📄 통합교육 관련 연수에 적극 참여하여 전문성을 키우세요.

📄 통합학급 수당 신설을 위한 교원단체의 활동에 관심을 가지고 참여하세요.

초등교사를 위한 조언

선생님들, 통합교육은 우리 모두에게 중요한 과제입니다. 장애학생과 비장애학생이 함께 어울려 배우는 환경을 만드는 것은 쉽지 않지만, 매우 가치 있는 일입니다. 통합학급 담임교사들의 노고를 인정하고 적절히 보상하는 제도적 장치가 반드시 필요합니다. 통합학급 수당 신설을 위해 함께 목소리를 내주시기 바랍니다. **여러분의 헌신과 노력이 모든 학생들의 성장과 발전을 위한 밑거름이 됩니다.**

📑 10.10
다문화교육
정책과 법규

ⓠ 다문화교육 정책과 법규의 주요 내용은 무엇이며, 초등교사에게 어떤 의미가 있나요?

Ⓐ 다문화교육 정책과 법규는 다양한 문화적 배경을 가진 학생들의 교육권을 보장하고, 모든 학생들이 문화적 다양성을 이해하고 존중하는 능력을 기르는 것을 목표로 합니다. 주요 내용은 다음과 같습니다.

1. 다문화가족지원법
- 다문화가족 구성원의 안정적인 가족생활과 사회통합을 지원합니다.
- 다문화가족 자녀의 교육 지원을 규정합니다.

2. 초·중등교육법
- 다문화학생의 교육권 보장과 학습 지원을 명시합니다.
- 다문화교육 관련 교육과정 운영을 규정합니다.

3. 다문화교육 지원 계획
- 교육부는 매년 다문화교육 지원 계획을 수립하여 시행합니다.

- 다문화학생의 한국어교육, 기초학습 지원, 진로·직업교육 등을 포함합니다.

4. 교원의 다문화교육 역량 강화

- 교원 연수 프로그램을 통해 다문화교육 전문성을 향상시킵니다.
- 다문화교육 관련 교수·학습 자료 개발 및 보급을 지원합니다.

5. 다문화학급 수당 신설 필요성

- 다문화학급을 담당하는 교사들의 추가적인 업무 부담을 고려하여 적절한 보상이 필요합니다.
- 다문화학생의 특별한 교육적 요구에 대응하기 위한 교사의 노력을 인정하고 지원해야 합니다.

예시사례

최근, A초등학교에서는 다문화학급을 담당하는 교사들이 학생들의 언어 및 문화적 차이로 인한 추가 업무 부담을 호소했습니다. 이에 학교 측은 자체적으로 다문화학급 담당 교사에게 월 10만원의 수당을 지급하기 시작했습니다.

관련 법령 안내

1. 교육기본법 제4조 교육의 기회균등
2. 초·중등교육법 제28조 학업에 어려움을 겪는 학생에 대한 교육
3. 다문화가족지원법 제10조 아동·청소년 보육·교육

실무 팁!

📄 다문화학생의 특성을 이해하고 개별화된 교육 접근법을 적용하세요.

📄 학부모와의 소통 시 통역 서비스를 적극 활용하세요.

📄 다문화학급 수당 신설을 위해 교육청과 교원단체에 의견을 제시하세요.

초등교사를 위한 조언

선생님들, 다문화교육은 우리 사회의 미래를 위해 매우 중요합니다. 다양한 문화적 배경을 가진 학생들을 이해하고 지원하는 것은 쉽지 않은 일이지만, 그만큼 보람 있는 일이기도 합니다. 다문화학급을 담당하시는 선생님들의 노고를 인정하고 적절히 보상하는 제도적 장치가 마련되어야 합니다. 다문화학급 수당 신설을 위해 함께 목소리를 내주시기 바랍니다. **여러분의 헌신과 노력이 우리 아이들의 밝은 미래를 만듭니다.**

약력

전주교육대학교 학사
한국교원대학교 석사
(전) 이리팔봉초등학교 근무
(현) 대한초등교사협회 회장

어린 시절부터 '좋은 교사'가 되는 것이 꿈이었으나, 막상 학교 현장에 나오니 그 길이 쉽지만은 않았습니다. 교직 업무와 수업 준비를 동시에 해내기가 벅찼고, 그 과정에서 아이들을 놓치지 않기 위해 끊임없이 고민하고 노력해왔습니다.

이런 경험을 바탕으로 선생님들을 위해 쓴 첫 책 『선생님을 위한 교직 실무의 모든 것』에서는 교직실무 전반을 누구나 쉽게 이해하고 실천하도록 도왔으며, 『CHAT GPT 플러그인』에서는 미래 교육을 준비하는 데 도움이 될 수 있는 인공지능 활용법을 선보였습니다. 현재는 초등교육 정상화와 초등교사의 권익 신장을 위해 대한초등교사협회를 창립하고, 보다 나은 교육 환경과 학교 환경을 만들기 위해 힘쓰고 있습니다.

대한초등교사협회 회장으로서 초등교사의 권익을 보호하고, 선생님들에게 노동법을 쉽고 명확하게 알려드리고자 『초등교사를 위한 노동법 100』을 집필하였습니다.

주요 저서

『선생님을 위한 교직실무의 모든 것』
『CHAT GPT 플러그인』
『초등교사를 위한 노동법 100』

함께하고 싶은 채널

진짜 교직실무 유튜브　　www.youtube.com/@기막힌쌤의진짜교직실
대한초등교사협회 유튜브　www.youtube.com/@keta1030

초등교사를 위한 노동법 100

초판 발행 ｜ 2025.2.27
저자 ｜ 김학희
출판사 ｜ 미래에듀몰
발행인 ｜ 곽효준
책값 ｜ 20,000원
isbn ｜ 979-11-991207-0-9